Istota islamu
podstawy i zasady

Istota islamu
podstawy i zasady

Spis treści

Informacja o prawach autorskich

Wstęp

Witamy w „Esencja islamu: podstawy i zasady", wszechstronnej analizie podstawowych wierzeń i zasad przewodnich, które stanowią podstawę wiary islamskiej. W tej pouczającej podróży zagłębiamy się w bogatą tkaninę islamu, odkrywając jego głębokie zasady i ponadczasowe podstawy, które ukształtowały życie milionów.

Rozdział po rozdziale będziemy poruszać się po zawiłym krajobrazie Tawhid, jedności Boga, rozumiejąc istotę jedności Allaha i jej konsekwencje dla kultu i życia codziennego. Boskie objawienie Koranu, kamienia węgielnego nauk islamu, zostanie odsłonięte, ukazując jego znaczenie i wpływ na życie wierzących.

Nasze badanie rozciąga się na koncepcję proroctwa, wyjaśniając kluczową rolę proroków w przekazywaniu boskiego przesłania i rzucając światło na życie i nauki Proroka Mahometa (pzn). Wyruszymy w duchową podróż przez rytuały Salah, modlitwę jako połączenie z boskością i zgłębimy zasady Zakat, kładąc nacisk na odpowiedzialność społeczną i równość ekonomiczną.

Poszcząc podczas Ramadanu, zagłębimy się w znaczenie Sawm, rozumiejąc duchową dyscyplinę, jaką ona zapewnia. Pielgrzymka do Mekki, hadżdż, zostanie szczegółowo zbadana, odsłaniając głęboką symbolikę i jedność, jaką sprzyja wśród muzułmanów na całym świecie.

Rozdziały rozwijają się dalej, ukazując znaczenie Sunny i hadisów, wskazówek zaczerpniętych z tradycji Proroka oraz zastosowania szariatu, prawa islamskiego, w kształtowaniu ram moralnych i etycznych w codziennym życiu.

Od podstawowych przekonań zawartych w wierze po oczekiwanie na Akhirah, życie po śmierci, każdy rozdział buduje fundament, na którym opierają się zasady islamu. Zbadane zostaną pojęcia takie jak dżihad, ihsan i pogoń za wiedzą, oferując zróżnicowane zrozumienie kodeksów moralnych i etycznych islamu.

Nasza podróż wykracza poza rozwój osobisty i obejmuje etykę rodzinną i społeczną, równość płci i odpowiedzialność za zarządzanie środowiskiem. Książka zagłębia się w relacje międzywyznaniowe, modele zarządzania i etyczne wykorzystanie technologii we współczesnym świecie.

Podsumowując, wracamy do filarów islamu, przedstawiając kompleksowe podsumowanie podstaw i zasad omówionych w całej książce. „Esencja islamu" to nie tylko książka; jest to zaproszenie do wyruszenia w transformacyjną podróż, podczas której można uzyskać wgląd w mądrość leżącą u podstaw wiary islamskiej i jej znaczenie dla wyzwań współczesnego świata. Dołącz do nas, gdy odkrywamy ponadczasowe zasady, którymi kierują się miliony, i odkrywamy głębokie piękno podstaw islamu.

Tawhid: Obejmując Jedność Boga

W głębokich głębinach teologii islamskiej Tawhid stanowi kamień węgielny, a koncepcja ta zawiera w sobie samą istotę monoteizmu. Tawhid, wywodzące się od arabskiego rdzenia „wahadła", oznaczającego zjednoczenie, jest jednoznacznym potwierdzeniem jedności Allaha.

W swej istocie Tawhid twierdzi, że nie ma bóstwa godnego czci poza Allahem. To fundamentalne przekonanie przenika każdy aspekt życia muzułmanina, kształtując jego światopogląd, działania i duchowe połączenie. Wykracza to poza zwykłe uznanie jednego Boga; jest to głębokie zrozumienie, że Allah jest ostateczną, niepodzielną rzeczywistością.

Koncepcja Tawhid obejmuje trzy zasadnicze elementy:

1. **Tawhid al-Arabiyyah (Jedność Panowania):** Ten aspekt podkreśla, że Allah jest jedynym stwórcą, podtrzymującym i kontrolerem wszechświata. Od kosmicznych galaktyk po zawiłości pojedynczej komórki, wszystkie aspekty stworzenia znajdują się pod Jego boską kontrolą.

2. **Tawhid al-Uluhiyyah (Jedność Czczenia):** Centralnym elementem tego wymiaru jest wyłączne oddanie i uwielbienie Allaha. Muzułmanie są wezwani do kierowania wszystkich aktów kultu, takich jak modlitwa, błaganie i wdzięczność, wyłącznie do Niego. Odrzuca kult jakiejkolwiek innej istoty, czy to ludzkiej, niebiańskiej czy nieożywionej.

3. **Tawhid al-Asma' wa al-Sifat (Jedność imion i atrybutów Allaha):** Ten wymiar podkreśla wyjątkowość imion i atrybutów Allaha. Muzułmanie wierzą w imiona i atrybuty wymienione w Koranie i hadisach, potwierdzając ich znaczenie bez antropomorfizacji lub porównywania ich do stworzenia.

Tawhid nie jest jedynie doktryną teologiczną; jest to rzeczywistość przeżywana, wpływająca na codzienne życie wierzącego. Rozwija głębokie poczucie pokory i polegania na Allahu, ponieważ każde działanie staje się aktem uwielbienia, jeśli jest wykonywane ze świadomością Jego jedności.

Koran, święte pismo islamu, jest pełne wersetów kładących nacisk na tawhid. Jeden z takich wersetów znajduje się w Surze Al-Ikhlas (112:1-4), który zwięźle streszcza tę koncepcję: „Powiedz: «On jest Allahem, [który jest] Jeden, Allah, Wieczne Schronienie. On nie rodzi, ani się nie rodzi. ani nie ma dla Niego żadnego odpowiednika.

Tawhid stanowi podstawę islamskiego monoteizmu, zapraszając wierzących do głębokiej, osobistej relacji z jedynym prawdziwym Bogiem. Jest to podróż zrozumienia, uległości i niezachwianego oddania, która kształtuje duchową tożsamość każdego muzułmanina, potwierdzając głęboką wiarę w jedność Allaha.

Objawienie Koranu: Odsłonięcie Boskiej Mądrości

Koran, święte pismo islamu, jest świetlistą latarnią wskazówek, a muzułmanie uważają, że jest to dosłowne słowo Allaha objawione Prorokowi Mahometowi (pokój i błogosławieństwo Allaha z nim) na przestrzeni 23 lat. Objawienie Koranu jest głębokim i przemieniającym wydarzeniem, które zajmuje centralne miejsce w teologii i historii islamu.

1. Boskie pochodzenie: Objawienie Koranu jest zakorzenione w koncepcji Wachy, arabskim określeniu boskiego objawienia. Muzułmanie wierzą, że Allah wybrał Proroka Mahometa (pokój i błogosławieństwo Allaha z nim) na ostatecznego posłańca, który ma przekazać Jego przesłanie ludzkości. Proces objawienia nastąpił za pośrednictwem anioła Gabriela (Gabriela), który przekazał boskie słowa do serca i umysłu Proroka.

2. Przechowywanie i autentyczność: Jednym z niezwykłych aspektów Koranu jest jego zachowanie. Muzułmanie mocno wierzą, że Koran pozostaje niezmieniony od czasu jego objawienia ponad 1400 lat temu. Skrupulatne zapamiętywanie i spisanie kompilacji za życia Proroka gwarantuje jego autentyczność, czyniąc z niego wyjątkowe i niezrównane pismo pod względem zachowania.

3. Struktura i styl: Koran jest podzielony na rozdziały zwane Surami, które są dalej podzielone na wersety zwane Ajami. Układ nie jest chronologiczny, ale jest zgodny z Bożym porządkiem. Język Koranu jest wymowny i głęboki, a jego wyjątkowa rytmika przekracza możliwości ludzkiej ekspresji. Jego doskonałość językowa służy jako cud językowy, rzucający wyzwanie i przewyższający normy językowe języka arabskiego.

4. Tematy i wskazówki: Koran porusza szeroki wachlarz tematów, oferując wskazówki w kwestiach teologii, moralności, prawa i duchowości. Zagłębia się w narracje przeszłych proroków, przekazuje nauki etyczne i zapewnia prawa rządzące różnymi aspektami życia. Podkreśla sprawiedliwość, współczucie i wzajemne powiązania wiary i działania.

5. Cudowne aspekty: Muzułmanie postrzegają Koran jako cudowne objawienie, nie tylko ze względu na jego piękno językowe, ale także ze względu na jego zdolność do zaspokajania różnorodnych potrzeb ludzkości na przestrzeni wieków i kultur. Jej proroctwa, odkrycia naukowe i głęboka mądrość są uważane za oznaki jej boskiego pochodzenia.

6. Recytacja i zapamiętywanie: Koran zajmuje szczególne miejsce w sercach muzułmanów, którzy starają się recytować i zapamiętywać jego wersety. Akt recytacji, zwłaszcza podczas modlitwy, jest praktyką głęboko duchową. Nauczenie się na pamięć całego Koranu, znanego jako Hifz, jest niezwykłym osiągnięciem, do którego dąży wielu muzułmanów na całym świecie.

Podsumowując, objawienie Koranu jest boskim darem, który w dalszym ciągu oświetla życie milionów ludzi. Jej głęboka mądrość, ponadczasowe przewodnictwo i cudowna natura są nie tylko źródłem duchowego pokarmu dla wierzących, ale także świadectwem miłosierdzia i mądrości Stwórcy. Rozpoczynając eksplorację objawienia Koranu, odkrywamy warstwy boskiej mądrości zawartej w jego wersetach, zachęcając do głębszego zrozumienia jej znaczenia w wierze islamskiej.

Proroctwo: boscy posłańcy i światła przewodnie

Pojęcie proroctwa zajmuje centralne miejsce w teologii islamu, oznaczając wybrane osoby wyznaczone przez Allaha do przekazywania ludzkości Jego przesłania. Poprzez tych posłańców Allah zapewnił przewodnictwo, objawił pisma święte i dał przykład prawego życia. Wiara w proroctwo jest integralną częścią zrozumienia boskiego planu ludzkiego przewodnictwa w islamie.

1. Rola proroków: Prorocy, czyli „Nabi" po arabsku, to szanowane postacie wybrane przez Allaha ze względu na ich prawość, mądrość i charakter moralny. Ich główną misją jest przekazywanie przesłania Tawhid (jedności Boga) i zapewnianie wskazówek dotyczących prawego życia. Prorocy są uważani za wzorce do naśladowania, będące przykładem ucieleśnienia boskich nauk w ich życiu.

2. Rodowód proroków: Islam uznaje sukcesję proroków na przestrzeni dziejów, począwszy od Adama, a kończąc na Proroku Muhammadzie (pzn) jako ostatecznym posłańcu. Do znanych proroków zaliczają się między innymi Noe, Abraham, Mojżesz i Jezus. Każdy prorok został wysłany do określonej społeczności i czasu, aby stawić czoła wyjątkowym wyzwaniom stojącym przed jego ludem.

3. Pieczęć Proroctwa: Muzułmanie wierzą, że Prorok Mahomet (pokój i błogosławieństwo Allaha z nim) jest ostatnim i ostatecznym posłańcem, znanym jako „Pieczęć Proroctwa". Jego rolą było uzupełnienie i udoskonalenie boskiego przesłania, oferując wszechstronne wskazówki dla całej ludzkości. Koran wyraźnie stwierdza: „Mahomet nie jest ojcem [żadnego] z waszych ludzi, lecz [jest] Wysłannikiem Allaha i ostatnim z proroków" (Koran 33:40).

4. Objawienia i Pisma: Prorokom powierzono boskie pisma święte, takie jak Tora dana Mojżeszowi, Psalmy Dawidowi, Ewangelia Jezusowi i Koran Mahometowi (pzn). Pisma te zawierały prawa, nauki moralne i wskazówki dotyczące rozwoju duchowego, dostosowane do potrzeb poszczególnych społeczności.

5. Cuda i znaki: Allah obdarzył proroków cudami, aby potwierdzić ich autentyczność i boską misję. Te cuda były różne, od rozdzielenia morza (Mojżesz) po uzdrowienie chorych (Jezus). Cuda służyły jako oznaki ich połączenia z boskością i były nie tylko demonstracją boskiej mocy, ale także zaproszeniem ludzi do wiary.

6. Wzorowe życie: Prorocy byli wzorami cnót i prawości. Ich życie, działania i wybory były ucieleśnieniem boskich zasad. Muzułmanie szukają w swoich historiach lekcji moralnych, czerpiąc inspirację z niezachwianej wiary proroków, odporności na przeciwności losu i zaangażowania na rzecz sprawiedliwości.

7. Posłuszeństwo Allahowi: Prorocy byli posłusznymi sługami Allaha i okazywali poddanie się Jego woli we wszystkich aspektach życia. Ich niezachwiane oddanie, nawet w obliczu wyzwań i prześladowań, stanowi dla wierzących głęboką lekcję na temat znaczenia wytrwałości i polegania na Bogu.

Podsumowując, koncepcja proroctwa w islamie reprezentuje boskie kontinuum, w którym każdy posłaniec opiera się na przesłaniu swoich poprzedników. Poprzez swoje nauki, cuda i przykładne życie prorocy odegrali kluczową rolę w prowadzeniu ludzkości na ścieżkę prawości, moralnego postępowania i duchowego spełnienia. Gdy zagłębimy się w rozumienie proroctwa, odkrywamy głębokie znaczenie tych wybranych osób w gobelinie wiary islamskiej.

Salah (modlitwa): Święte połączenie z boskością

Salah, modlitwa rytualna w islamie, jest kamieniem węgielnym uwielbienia i duchowego połączenia, służąc jako bezpośrednie połączenie między wierzącym a Allahem. Praktyka ta, wykonywana pięć razy dziennie, jest głębokim wyrazem oddania, wdzięczności i poddania się Wszechmogącemu.

1. Rytuały i postawy: Salah obejmuje szereg czynności fizycznych i werbalnych, wykonywanych w określonej kolejności. Rozpoczyna się niyyah (intencją) w sercu, po czym następuje Takbir (mówienie „Allahu Akbar"), stanie, pokłon (Roku), pokłon (Sujud) i zakończenie Taszahhud. Te postawy symbolizują pokorę, poddanie się i uznanie wielkości Allaha.

2. Dyscyplina duchowa: Oprócz aspektów fizycznych Salah jest dyscypliną duchową, która zapewnia uporządkowane ramy codziennej refleksji i połączenia z Allahem. Służy jako ciągłe przypomnienie o boskiej obecności, wzmacniając uważność i poczucie celu przez cały dzień.

3. Pięć codziennych obowiązków: Muzułmanie mają obowiązek wykonywać Salah pięć razy dziennie, tworząc rytmiczny wzór w swoim życiu. Te codzienne modlitwy obejmują Fajr (przed świtem), Dhuhr (południe), Asr (po południu), Maghrib (tuż po zachodzie słońca) i Isha (noc). Każda modlitwa ma swoje znaczenie i daje możliwość duchowej odnowy.

4. Kierunek modlitwy (Qibla): Podczas modlitw muzułmanie zwróceni są twarzą do Kaaby w Mekce, świętego domu zbudowanego przez proroka Ibrahima i jego syna Ismaila. Ta jedność w kierunku symbolizuje globalną jedność społeczności muzułmańskiej, wzmacniając poczucie jedności i wspólnego celu.

5. Adhan (wezwanie do modlitwy): Wezwanie do modlitwy, zwane Adhan, ogłasza początek każdej modlitwy. Jej melodyjna recytacja rozbrzmiewa echem w meczetach i dzielnicach, zachęcając wierzących do zatrzymania się od codziennych zajęć i zwrócenia uwagi na wielbienie Allaha.

6. Korzyści duchowe: Salah to nie tylko ćwiczenie fizyczne, ale także sposób na osiągnięcie korzyści duchowych. Oferuje chwile introspekcji, szukania przebaczenia i wyrażania wdzięczności. Powtarzanie codziennych modlitw wzmacnia wagę dyscypliny, cierpliwości i polegania na Allahu.

7. Społeczność i jedność: Podczas gdy poszczególne osoby wykonują Salah prywatnie, zbiorowe modlitwy, szczególnie w piątki, jednoczą wspólnotę. Ten wspólnotowy aspekt kultu sprzyja poczuciu jedności, braterstwa i wzajemnego wsparcia wśród wierzących.

8. Znaczenie modlitwy piątkowej (Jummah): Piątek ma w islamie szczególne znaczenie jako dzień Jummah, zbiorowej modlitwy piątkowej. Muzułmanie gromadzą się w meczecie, aby słuchać chubby (kazania) i angażować się we zbiorowe nabożeństwo, wzmacniając więzi społeczne i otrzymując duchowe przewodnictwo.

Podsumowując, Salah to nie tylko zestaw fizycznych działań; jest to przemieniający akt kultu, który przenika każdy aspekt życia muzułmanina. Dzięki swoim rytuałom, dyscyplinie i duchowej głębi Salah staje się środkiem poszukiwania bliskości Allaha, rozwijania samodyscypliny i pielęgnowania głębokiego połączenia z boskością. Kiedy wierzący trwają w modlitwie, okazują pokorę, wdzięczność i poddanie się, ucieleśniając istotę duchowej podróży islamu.

Zakat (dobroczynność): pełen współczucia obowiązek

Zakat, jeden z pięciu filarów islamu, jest podstawową koncepcją zakorzenioną w zasadach sprawiedliwości społecznej, współczucia i równości ekonomicznej. Reprezentuje akt przekazania części swojego majątku potrzebującym, podkreślając znaczenie wspólnej odpowiedzialności i solidarności w społeczności muzułmańskiej.

1. **Definicja i znaczenie:** Zakat, wywodzący się od arabskiego rdzenia „zkw", co oznacza oczyszczenie i wzrost, jest obowiązkową formą jałmużny w islamie. Jest postrzegana nie tylko jako sposób pomocy tym, którzy mają mniej szczęścia, ale także jako oczyszczenie bogactwa i źródło duchowego wzrostu.

2. **Rodzaje bogactwa podlegające zakonowi:** Zakat jest obliczany na podstawie określonych kategorii bogactwa, w tym oszczędności, inwestycji, złota, srebra i produktów rolnych. Aktywa te muszą osiągnąć określony próg (Nisab) i znajdować się w posiadaniu danej osoby przez rok księżycowy, zanim Zakat stanie się obowiązkowy.

3. **Stały procent:** Standardowa stawka Zakat wynosi 2,5% całkowitego kwalifikującego się majątku. Ten stały procent zapewnia sprawiedliwe i spójne podejście do podziału majątku, odzwierciedlając islamską zasadę sprawiedliwości ekonomicznej.

4. **Odbiorcy zakatu:** Zakat jest specjalnie przeznaczony dla ośmiu kategorii odbiorców, jak opisano w Koranie (Sura At-Tawbah, 9:60):

- Biedni (Fuqara)

- Potrzebujący (Masakin)

- Osoby zatrudnione przy zbieraniu Zakatu (zbieracze Zakatu)

• Ci, których serca wymagają pojednania (nowi muzułmanie
i potencjalni sojusznicy)

• Osoby w niewoli (jeńcy i niewolnicy szukający wolności)

• Osoby zadłużone (osoby przytłoczone ciężarami
finansowymi)

• Ci, którzy podążają ścieżką Allaha (mudżahedini)

• Wędrowiec (podróżnicy borykający się z trudnościami)

5. Znaczenie duchowe: Zakat to nie tylko obowiązek finansowy;
ma głębokie znaczenie duchowe. Dając potrzebującym, muzułmanie
oczyszczają swoje bogactwo i okazują wdzięczność za otrzymane
błogosławieństwa. Sprzyja empatii i poczuciu współdzielenia
człowieczeństwa.

6. Czas Zakat: Zakat jest należny po upływie roku księżycowego od
zgromadzenia bogactwa. Wielu muzułmanów decyduje się na dawanie
zakatu w miesiącu Ramadan, łącząc ten akt miłosierdzia z duchem
wzmożonego duchowego oddania podczas świętego miesiąca.

7. Wpływ na dystrybucję bogactwa: Zakat odgrywa kluczową rolę
w niwelowaniu różnic ekonomicznych w społeczności muzułmańskiej.
Służy jako mechanizm redystrybucji bogactwa, zapewniając każdemu
dostęp do podstawowych artykułów pierwszej potrzeby i promując
harmonię społeczną.

8. Dobrowolna działalność charytatywna (Sadaqah): Oprócz
zakatu muzułmanów zachęca się do angażowania się w dobrowolne
działania charytatywne, zwane Sadaqah. W przeciwieństwie do Zakat,
Sadaqah nie jest obowiązkowy i można go podać w dowolnym
momencie i w dowolnej ilości. Odzwierciedla szerszą zasadę hojności i
współczucia w islamie.

Podsumowując, Zakat jest namacalnym przejawem islamskiego zaangażowania na rzecz sprawiedliwości społecznej i dobrobytu społeczności. Przekształca bogactwo z własności osobistej we wspólne zasoby, wzmacniając wzajemne powiązania muzułmańskiej ummy (społeczności) i ucieleśniają nauki o współczuciu, empatii i odpowiedzialności wobec tych, którzy mieli mniej szczęścia.

Sawm (post): duchowa podróż samodyscypliny

Sawm, czyli post w miesiącu Ramadan, jest istotnym filarem islamu wykraczającym poza powstrzymywanie się od jedzenia i picia. Jest to doświadczenie zmieniające, kładące nacisk na samodyscyplinę, duchową refleksję i empatię wobec potrzebujących. Praktyka Sawm służy jako potężny środek oczyszczenia duszy i wzmocnienia połączenia między wierzącym a Allahem.

1. Definicja i znaczenie: Sawm, wywodzące się od arabskiego rdzenia „swm", oznacza wstrzymanie się od głosu. Post w czasie Ramadanu jest obowiązkowy dla wszystkich dorosłych muzułmanów, z wyjątkiem tych, którzy podlegają szczególnym wyjątkiem, takim jak choroba, ciąża lub podróż. Upamiętnia miesiąc, w którym Koran został objawiony Prorokowi Mahometowi (pzn).

2. Powstrzymanie się od jedzenia, picia i innych przyjemności: Post w czasie Ramadanu obejmuje powstrzymywanie się od jedzenia, picia, palenia i angażowania się w stosunki małżeńskie od świtu do zachodu słońca. Ta fizyczna abstynencja jest symbolicznym aktem samodyscypliny, pozwalającym wierzącym kultywować kontrolę nad swoimi pragnieniami i rozwijać większą świadomość swoich działań.

3. Duchowa refleksja i wzmożone uwielbienie: Poza aspektami fizycznymi Ramadan jest czasem wzmożonego duchowego oddania. Muzułmanie angażują się w częstsze modlitwy, recytację Koranu i akty dobroci. Długie noce Ramadanu często spędza się na głębokiej refleksji, szukaniu przebaczenia i zbliżaniu się do Allaha.

4. Empatia i solidarność: Doświadczenie głodu i pragnienia sprzyja empatii wobec tych, którzy mają mniej szczęścia. Post przypomina o codziennych zmaganiach ubogich, zaszczepia poczucie wdzięczności za otrzymane błogosławieństwa i motywuje wierzących do angażowania się w akty miłosierdzia i współczucia.

5. Iftar i Suhur: Codzienny post przerywany jest wieczornym posiłkiem zwanym Iftar, zwykle rozpoczynającym się jedzeniem daktyli, po którym następuje większy posiłek. Suhur to posiłek przed świtem, spożywany przed rozpoczęciem postu. Te wspólne posiłki podkreślają znaczenie dzielenia się i wzmacniania więzi społecznych w rodzinach i społecznościach.

6. Noc Mocy (Laylat al-Qadr): Laylat al-Qadr, czyli Noc Mocy, przypada na ostatnie dziesięć nocy Ramadanu. Uważa się, że jest to noc, w której Koran został po raz pierwszy objawiony i ma ona ogromne znaczenie duchowe. Muzułmanie angażują się w wzmożone uwielbienie, szukając błogosławieństw i przebaczenia związanych z tą pomyślną nocą.

7. Odnowienie intencji: Ramadan to nie tylko czas fizycznego i duchowego oczyszczenia, ale także szansa dla wierzących na odnowienie swoich intencji i zaangażowania w prowadzenie prawego życia. Służy jako reset dla duszy, sprzyjające rozwojowi osobistemu i pozytywnym zmianom.

8. Zakończenie Ramadanu: Ramadan kończy się obchodami Id al-Fitr, uroczystej okazji, podczas której odbywają się wspólne modlitwy, uczty i dawanie Zakat al-Fitr – formy dobroczynności, która ma zapewnić, że nawet mniej szczęśliwi będą mogli wziąć udział w uroczystości.

Podsumowując, Sawm podczas Ramadanu jest holistyczną praktyką, która wykracza poza zwykłą abstynencję od jedzenia i picia. Jest to transformacyjna podróż pełna samodyscypliny, duchowej refleksji i empatii, ucieleśniająca podstawowe zasady islamu. Kiedy wierzący angażują się w ten coroczny akt oddania, wychodzą ze wzmocnioną wiarą, oczyszczoną duszą i pogłębionym poczuciem połączenia z Allahem.

Hadżdż (Pielgrzymka): Podróż duchowej odnowy i jedności

Hadżdż, coroczna pielgrzymka do Mekki, jest jednym z pięciu filarów islamu i głębokim aktem kultu. Ta święta podróż, obowiązkowa dla wszystkich muzułmanów spełniających określone kryteria, służy jako demonstracja jedności, pokory i poddania się Allahowi. Rytuały pielgrzymki podążają śladami Proroka Ibrahima (Abrahama) i jego rodziny, symbolizujące uniwersalne zasady wiary i oddania.

1. Definicja i znaczenie: Hadżdż, wywodzące się od arabskiego słowa „hj", oznaczającego zamiar podróży. Odbywa się podczas islamskiego miesiąca Dhul-Hijjah i stanowi kulminację duchowej podróży muzułmanina, symbolizujące poddanie się i oddanie Allahowi.

2. Obowiązki związane z pielgrzymką: Hadżdż jest obowiązkowa dla wszystkich muzułmanów, którzy są w stanie fizycznie i finansowo podjąć podróż. Obejmuje szereg rytuałów i aktów kultu wykonywanych w określonych miejscach w Mekce i okolicach.

3. Ihram i wejście w święty stan: Po dotarciu do Miqat (wyznaczonej granicy) pielgrzymi wchodzą w stan poświęcenia zwany Ihram. W tym świętym stanie noszą proste białe szaty, co sprzyja poczuciu równości i pokory wśród wszystkich pielgrzymów, niezależnie od ich statusu społecznego i ekonomicznego.

4. Tawaf i okrążanie Kaaby: Po wejściu do Mekki pielgrzymi wykonują Tawaf, akt okrążenia Kaaby, świętej budowli w centrum Masjid al-Haram. Ten symboliczny akt odzwierciedla jedność muzułmanów w ich oddaniu Allahowi.

5. Stojąc przy Arafacie (Wukf): Szczytem pielgrzymki jest Wukf, czyli stanie na równinie Arafata. Pielgrzymi spędzają ten dzień na modlitwie i błaganiu, prosząc o przebaczenie i miłosierdzie Allaha. Ta chwila jest głębokim duchowym szczytem, podkreślającym Dzień Sądu.

6. Ukamienowanie diabła (Ramy al-Jamart): Pielgrzymi dokonują rytuału ukamienowania trzech filarów, co symbolizuje odrzucenie pokus szatana, przed którymi stanął prorok Ibrahim. Akt ten oznacza triumf wiary nad złem i odrzucenie grzesznych pokus.

7. Ofiara (Qurbani): Pielgrzymi biorą udział w rytualnej ofierze ze zwierzęcia, co symbolizuje gotowość Proroka Ibrahima do poświęcenia swojego syna w akcie posłuszeństwa Allahowi. Mięso rozdawane jest potrzebującym, co sprzyja duchowi hojności i dzielenia się.

8. Tawaf al-Ifadah i pożegnanie Tawaf: Po symbolicznym kamienowaniu pielgrzymi wykonują Tawaf al-Ifadah, zaznaczając zakończenie rytuałów hadżdż. Przed opuszczeniem Mekki wykonywany jest pożegnalny Tawaf, symbolizujący opuszczenie świętego miasta przez pielgrzyma.

9. Id al-Adha: Zakończenie pielgrzymki zbiega się z obchodami Id al-Adha, Święta Ofiary. Muzułmanie na całym świecie upamiętniają gotowość proroka Ibrahima do poświęcenia syna i zaangażowania się w działalność charytatywną, ucztowanie i dzielenie się.

10. Powszechne braterstwo: Hadżdż sprzyja poczuciu powszechnego braterstwa, gdy pielgrzymi reprezentujący różne kultury i pochodzenie gromadzą się na oddawaniu czci. Nacisk na równość ubioru i rytuałów podkreśla zasadę jedności w różnorodności.

Podsumowując, hadżdż to nie tylko fizyczna podróż; jest to głębokie przeżycie duchowe, które przemienia serce i duszę pielgrzyma. Symbolizuje poddanie ludzkości Allahowi i jedność muzułmanów na całym świecie. Pielgrzymi wyruszający w tę świętą podróż opuszczają ją z odnowionym poczuciem wiary, pokory i pogłębionym związkiem z podstawowymi zasadami islamu.

Sunna i hadisy: światła przewodnie tradycji islamskiej

Sunna i hadisy odgrywają kluczową rolę w tradycji islamskiej, służąc jako nieocenione źródła wskazówek dla wierzących. Zapewniają wgląd w życie i nauki Proroka Mahometa (pzn), oferując kompleksowe ramy dla zrozumienia i praktykowania islamu.

1. Definicja Sunny: Sunna, wywodząca się od arabskiego słowa „sunna", odnosi się do praktyk, powiedzeń, działań i aprobaty Proroka Mahometa (pzn). Uzupełnia Koran i stanowi integralną część islamskiego prawoznawstwa i etycznego postępowania.

2. Znaczenie Sunny: Sunna wyjaśnia praktyczne zastosowanie nauk Koranu w różnych aspektach życia. Służy jako żywy przykład pokazujący, jak urzeczywistnić zasady określone w Koranie. Charakter Proroka, relacje międzyludzkie i codzienne czynności stanowią całościowy przewodnik dla muzułmanów.

3. Kompilacja hadisów: Hadisy odnoszą się do zapisanych wypowiedzi, działań i aprobaty Proroka Mahometa (pzn). Z biegiem czasu uczeni skrupulatnie zbierali, weryfikowali i kategoryzować te narracje, tworząc zbiór literatury znany jako hadisy.

4. Klasyfikacja hadisów: Hadisy są klasyfikowane na podstawie ich autentyczności na różne poziomy, takie jak Sahih (autentyczny), Da'if (słaby) lub Hasan (dobry). Uczeni zastosowali rygorystyczne kryteria, aby ocenić wiarygodność łańcucha narratorów i treść każdego hadisu.

5. Główne zbiory hadisów: Kilku znanych uczonych zebrało obszerne zbiory hadisów. Do najbardziej znanych należą Sahih al-Bukhari, Sahih Muslim, Sunan Abu Dawood, Sunan at-Tirmidhi, Sunan an-Nasa'i, Sunan Ibn Majah i Muwatta Malik. Zbiory te są szeroko badane pod kątem wskazówek prawnych, etycznych i duchowych.

6. Proces uwierzytelniania: Uwierzytelnianie hadisów obejmuje skrupulatny proces znany jako nauka o hadisach (Ilm al-Hadith). Uczeni analizują łańcuch narratorów (Isnad) i treść (Matn), aby zapewnić wiarygodność i autentyczność. Stosowane są rygorystyczne metody, takie jak uczciwość łańcucha narratorów, zgodność z zasadami Koranu i brak sprzeczności.

7. Hadisy jako źródło prawa: Hadisy wraz z Koranem przyczyniają się do rozwoju prawoznawstwa islamskiego (Fiqh). Orzeczenia prawne, zasady etyczne i wskazówki dotyczące osobistego postępowania wywodzą się z uwierzytelnionych hadisów, dostarczając praktycznego wglądu w stosowanie nauk islamu.

8. Sunna w życiu codziennym: Muzułmanie starają się włączać Sunnę do swojego codziennego życia, naśladując działania i nauki Proroka. Od rytuałów modlitewnych i nawyków żywieniowych po interakcje międzyludzkie i decyzje etyczne – Sunna służy wierzącym jako żywy przewodnik pomagający im radzić sobie z wyzwaniami życia.

9. Rola w zrozumieniu Koranu: Sunna uzupełnia i wyjaśnia wersety Koranu. Sunna ułatwia zrozumienie kontekstu historycznego, przyczyn objawień (Asbab al-Nuzul) i konkretnych zastosowań nauk Koranu, wzbogacając zrozumienie boskiego przesłania.

10. Miłość i szacunek dla Proroka: Studiowanie i wdrażanie Sunny sprzyja głębokiej miłości i czci dla Proroka Mahometa (pokój i błogosławieństwo Allaha z nim) wśród muzułmanów. Jego charakter, pokora i współczucie stają się źródłem inspiracji, zachęcając wierzących do dążenia do doskonałości moralnej i bliższego związku z Allahem.

Podsumowując, Sunna i hadisy stanowią nieodłączną część tradycji islamskiej, oferując kompleksowy przewodnik po życiu osobistym i wspólnotowym. Przyczyniają się do bogactwa nauk islamu, zapewniając szczegółowe zrozumienie Koranu i przykładnego życia Proroka Mahometa (pzn). W miarę jak muzułmanie korzystają z tych źródeł, zbliżają się do etycznych i duchowych ideałów, które definiują islamski sposób życia.

Szariat (prawo islamskie): Boskie wskazówki dotyczące postępowania moralnego i prawnego

Szariat, często tłumaczony jako „prawo islamskie", to kompleksowe ramy obejmujące zarówno zasady etyczne, jak i prawne wywodzące się z Koranu i Sunny. Służy jako przewodnik dla muzułmanów w sprawach osobistego postępowania, życia rodzinnego i spraw społecznych, odzwierciedlając boską mądrość i sprawiedliwość nieodłącznie związane z naukami islamu.

1. Definicja i znaczenie: Szariat, wywodzący się od arabskiego słowa „share'a", oznacza ścieżkę lub drogę. Obejmuje cały zbiór nauk islamu, zapewniając wskazówki dotyczące indywidualnego zachowania, kwestii prawnych i etyki społecznej w oparciu o wersety Koranu i Sunnę Proroka Mahometa (pzn).

2. Źródła szariatu: Głównymi źródłami szariatu są Koran, który jest uważany za dosłowne słowo Allaha, oraz Sunna, zawierająca wypowiedzi, czyny i aprobaty Proroka Mahometa (pzn). Dodatkowo za źródła wtórne uznaje się konsensus (Ijma) wśród uczonych i analogiczne rozumowanie (Qiyas).

3. Pięć filarów i szariat: Szariat znajduje wyraz w pięciu filarach islamu, do których należą wyznanie wiary (Shahada), modlitwa (Salah), jałmużna (Zakat), post w czasie Ramadanu (Sawm) i pielgrzymka do Mekki (Hajj). Filary te służą jako podstawowe akty kultu i moralnego postępowania.

4. Postępowanie osobiste: Szariat zapewnia wytyczne dotyczące różnych aspektów osobistego postępowania, w tym kwestii higieny, nawyków żywieniowych, relacji międzyludzkich i cnót moralnych. Zachęca się muzułmanów, aby w codziennym życiu przestrzegali zasad uczciwości, pokory, współczucia i sprawiedliwości.

5. Prawo rodzinne: Szariat reguluje relacje rodzinne i obejmuje takie kwestie, jak małżeństwo, rozwód, dziedziczenie i opieka nad dzieckiem. Podkreśla świętość rodziny, ustanawiając zasady mające na celu promowanie harmonii, sprawiedliwości i ochrony praw jednostki w ramach więzi rodzinnych.

6. Prawo karne: W dziedzinie prawa karnego szariat określa kary za określone przestępstwa, kładąc nacisk na sprawiedliwość, odstraszanie i resocjalizację. Jednak wdrażanie tych przepisów różni się w poszczególnych krajach z większością muzułmańską, a wiele z nich obejmuje elementy nowoczesnych systemów prawnych.

7. Zasady ekonomiczne: Szariat zawiera wytyczne etyczne dotyczące transakcji gospodarczych i finansowych. Zakazuje się odsetek (riba) i podkreśla się zasady uczciwości, przejrzystości i odpowiedzialności społecznej. Islamskie instytucje finansowe działają zgodnie z tymi zasadami.

8. Etyka społeczna: Szariat promuje sprawiedliwość społeczną i etyczne postępowanie w różnych sferach społecznych. Pojęcia takie jak współczucie dla mniej szczęśliwych, działalność charytatywna i dobro społeczności są integralną częścią islamskich ram etycznych.

9. Orzecznictwo prawne (Fiqh): Fiqh odnosi się do ludzkiego zrozumienia i interpretacji zasad szariatu. Różne szkoły myślenia w islamie opracowały różnorodne interpretacje prawne (madhaby), odzwierciedlające możliwość dostosowania szariatu do różnych kontekstów kulturowych, przy jednoczesnym zachowaniu podstawowych zasad etycznych.

10. Zastosowanie i zdolność adaptacji: Szariat można dostosować i dostosować do różnorodnych kontekstów kulturowych, zachowując jednocześnie swój rdzeń etyczny. Jego zastosowanie różni się w poszczególnych krajach z większością muzułmańską, na co wpływają czynniki historyczne, kulturowe i polityczne. Współcześni uczeni angażują się w ciągłe dyskusje, aby zapewnić trafność i sprawiedliwe zastosowanie.

Podsumowując, szariat jest wieloaspektowym systemem, który kieruje muzułmanami w kwestiach etyki, moralności i prawa. Odzwierciedla boską mądrość islamu, oferując kompleksowe ramy życia osobistego i wspólnotowego. Gdy muzułmanie poruszają się po zawiłościach współczesnego świata, zasady szariatu stanowią kompas moralny, wspierając sprawiedliwość, współczucie i etyczne postępowanie.

Wiara i przekonania w islamie: filary tożsamości duchowej

Wiara islamska opiera się na zestawie fundamentalnych przekonań, które stanowią rdzeń światopoglądu muzułmanina. Te przekonania, zakorzenione w Koranie i naukach Proroka Mahometa (pokój i błogosławieństwo Allaha z nim) zapewniają wszechstronne ramy kierujące duchową podróżą wierzących.

1. Szahada (Wyznanie Wiary): Szahada jest główną zasadą wiary islamskiej i głosi: „La ilaha illa allah, Muhammad Ur Rasulullah", co oznacza „Nie ma boga prócz Allaha, a Mahomet jest Wysłannikiem Allaha". Wypowiadanie i szczera wiara w Szahadę jest punktem wejścia do islamu, potwierdzeniem jedności Allaha i proroctwa Mahometa.

2. Tawhid (Jedność Boga): Tawhid jest podstawową koncepcją jedności Allaha. Podkreśla, że nie ma bóstwa poza Allahem i odrzuca jakąkolwiek formę obcowania z Nim. Tawhid przenika każdy aspekt wiary muzułmanina, kształtując jego rozumienie boskiej jedności i suwerenności.

3. Wiara w anioły (Malajka): Muzułmanie wierzą w istnienie aniołów, niewidzialnych istot stworzonych przez Allaha w celu wykonywania określonych zadań. Do najważniejszych aniołów zalicza się Jibreel (Gabriel), który dostarczał objawienia prorokom, oraz Israfil, odpowiedzialny za zadęcie w trąbę, aby zasygnalizować Dzień Sądu.

4. Boskie Pisma (Księgi Allaha): Wiara w boskie pisma jest integralną częścią wiary islamskiej. Muzułmanie potwierdzają autentyczność Koranu jako ostatecznego i pełnego objawienia, uznając jednocześnie wcześniejsze pisma święte, takie jak Tora, Psalmy i Ewangelia, objawione wcześniejszym prorokom.

5. Prorocy i posłańcy (Anbiya i Rusul): Muzułmanie wierzą w linię proroków i posłańców wysłanych przez Allaha, aby prowadzili ludzkość. Godne uwagi postacie to Adam, Noe, Abraham, Mojżesz, Jezus i ostatni prorok, Mahomet (pzn). Ci posłańcy przekazali boskie przesłania swoim społecznościom.

6. Dzień Sądu (Yawm al-Qiyamah): Wiara w Dzień Sądu jest kamieniem węgielnym wiary islamskiej. Pociąga to za sobą odpowiedzialność za swoje czyny w zaświatach, gdzie jednostki będą oceniane na podstawie ich działań. To przekonanie służy jako motywacja do prawego postępowania i odpowiedzialności moralnej.

7. Boski dekret (Qadr): Muzułmanie wierzą w boski dekret Allaha, obejmujący Jego wiedzę o wszystkich rzeczach, Jego zapis wszystkiego, co się dzieje, i Jego kontrolę nad wszechświatem. Wiara ta uznaje, że wszystko dzieje się z woli i mądrości Allaha.

8. Życie po śmierci (Akhirah): Islam naucza koncepcji życia po śmierci, w którym jednostki zostaną wskrzeszone na sąd i nagrodzone rajem lub karą w piekle. Ta wiara zaszczepia poczucie celu, moralnej odpowiedzialności i dążenia do prawych uczynków.

9. Wiara w to, co niewidzialne (Ghalib): Muzułmanie wierzą w aspekty tego, co niewidzialne, uznając istnienie sfer poza ludzką percepcją. Obejmuje to wiarę w anioły, królestwo boskie i rzeczywistości metafizyczne, które przyczyniają się do całościowego zrozumienia wszechświata.

10. Iman (wiara) i islam (poddanie się): Wzajemne oddziaływanie pomiędzy Iman (wiarą) a islamem (poddanie się) jest fundamentalne. Wiarę serca uzupełniają zewnętrzne przejawy uległości poprzez akty kultu, etyczne postępowanie i przestrzeganie zasad islamu. Obydwa elementy są niezbędne dla całościowego wyrażania wiary islamskiej.

Podsumowując, wierzenia w islamie tworzą spójną i wzajemnie powiązaną strukturę, która kształtuje duchową tożsamość muzułmanina. Osadzone w podstawowych założeniach tauhid, proroctwa, pism boskich i życia pozagrobowego, wierzenia te stanowią kompleksowy przewodnik po światopoglądzie wierzącego, postępowaniu moralnym i duchowej podróży w islamie.

Akira (dalej): Wieczna podróż

Akira, czyli życie ostateczne, to podstawowe pojęcie w islamie, reprezentujące życie po śmierci. Obejmuje wiarę w zmartwychwstanie, sąd i wieczne przeznaczenie jednostek na podstawie ich czynów w życiu ziemskim. Zrozumienie Akhirah jest niezbędne dla muzułmanów, kształtując ich spojrzenie na moralność, odpowiedzialność i ostateczny cel istnienia.

1. Zmartwychwstanie (Qiyamah): Muzułmanie wierzą w fizyczne zmartwychwstanie wszystkich ludzi w Dniu Sądu. To dzień, w którym każda dusza, od pierwszego do ostatniego człowieka, zostanie przywrócona do życia, aby stanąć przed sądem za swoje czyny w życiu doczesnym.

2. Odpowiedzialność (Hisab): W Dniu Sądu poszczególne osoby zostaną pociągnięte do odpowiedzialności za swoje czyny. Każdy czyn, mały czy duży, zostanie poddany kontroli. Doskonała sprawiedliwość Allaha zwycięży, a poszczególne osoby zostaną osądzone z absolutną uczciwością.

3. Waga czynów (Mizan): Czyny będą ważone na wadze (Mizan), określając ich wagę pod względem prawości lub zła. Koran wspomina: „Tak więc, kto czyni dobro na wagę atomu, zobaczy to, a kto czyni zło na wagę atomu, zobaczy to" (Koran 99:7-8).

4. Zapis czynów (Księga czynów): Każda osoba otrzyma zapis swoich czynów. Ci, którzy wezmą księgę w prawą rękę, będą mieli łatwy rachunek i znajdą się wśród odnoszących sukcesy. Ci, którzy otrzymają książkę w lewej ręce lub za plecami, staną w obliczu trudniejszego wyniku.

5. Raj (Jannah) i Ogień Piekielny (Jahannam): Na podstawie swoich czynów poszczególne osoby zostaną przydzielone do Raju (Jannah) lub Ognia Piekielnego (Jahannam). Jannah to miejsce wiecznej błogości i nagrody dla sprawiedliwych, natomiast Jahannam to miejsce kary dla tych, którzy odrzucili wiarę lub popełnili ciężkie grzechy bez pokuty.

6. Poziomy Raju: Jannah nie jest królestwem monolitycznym; składa się raczej z różnych poziomów. Wyższe poziomy są zarezerwowane dla tych, którzy wyróżniali się wiarą i prawością. Koran opisuje rajskie ogrody z płynącymi w dole rzekami, wieczną błogością i przyjemnością przebywania w obecności Allaha.

7. Życie wieczne: W Akhirah życie jest wieczne i przekracza ograniczenia tej ziemskiej egzystencji. Natura życia w życiu ostatecznym jest niepojęta dla ludzkiego zrozumienia i jest to stan, który przewyższa przejściową naturę życia na Ziemi.

8. Miłosierdzie i sprawiedliwość Allaha: Koncepcja Akhirah podkreśla zarówno miłosierdzie, jak i sprawiedliwość Allaha. Podczas gdy sprawiedliwi zostaną nagrodzeni wieczną szczęśliwością, ci, którzy zgrzeszyli i odrzucili wiarę, podlegają boskiej sprawiedliwości. Koran podkreśla miłosierdzie, przebaczenie i uczciwość Allaha w Jego wyroku.

9. Motywacja do prawych uczynków: Wiara w Achira jest potężną motywacją do prawych uczynków. Muzułmanie starają się prowadzić cnotliwe życie, szukając przyjemności Allaha i nagród w życiu ostatecznym. Strach przed odpowiedzialnością zachęca wierzących do przestrzegania zasad moralnych i etycznego postępowania.

10. Refleksja i przygotowanie: Zrozumienie Akhirah skłania wierzących do refleksji nad przemijającą naturą tego świata i priorytetyzowania działań o wiecznych konsekwencjach. Islam zachęca do konsekwentnej autorefleksji, pokuty i szukania przebaczenia w ramach duchowego przygotowania na życie przyszłe.

Podsumowując, Akhirah jest główną zasadą wiary islamskiej, zapewniającą ramy dla zrozumienia celu życia i ostatecznego przeznaczenia jednostek. Kształtuje kompas moralny muzułmanów, kierując ich działaniami i wpajając głęboką świadomość odpowiedzialności przed boską obecnością. Koncepcja Akhirah podkreśla przemijającą naturę tego świata i wieczne znaczenie wyborów dokonywanych podczas ziemskiej podróży.

Dżihad w islamie: dążenie do słusznej sprawy

Dżihad, często źle rozumiany, to koncepcja w islamie, która wykracza poza potoczne skojarzenie z działaniami wojennymi. Obejmuje różne formy wysiłków i walki, zarówno osobistych, jak i zbiorowych, mających na celu utrzymanie sprawiedliwości, obronę islamu i promowanie prawości. Zrozumienie dżihadu wymaga zniuansowane perspektywy, która obejmuje jego szersze znaczenia i zastosowania.

1. Znaczenie językowe: Termin „dżihad" pochodzi od arabskiego rdzenia „JHD", co oznacza dążenie lub walkę. Z językowego punktu widzenia dżihad oznacza jakąkolwiek formę wysiłku lub dążenia, którego celem jest osiągnięcie pozytywnego celu.

2. Większy Dżihad (Dżihad al-Nafs): Większy Dżihad to wewnętrzna walka z własnymi pragnieniami, pokusami i brakami. Jest to osobisty wysiłek mający na celu osiągnięcie samodyscypliny, prawości i duchowego oczyszczenia. Prorok Muhammad (pokój i błogosławieństwo Allaha z nim) podkreślił tę formę dżihadu jako najbardziej znaczącą.

3. Mniejszy Dżihad (Dżihad al-Sayf): Mniejszy Dżihad odnosi się do walki fizycznej lub konfliktu zbrojnego podejmowanego w samoobronie lub w obronie społeczności muzułmańskiej. Jest to dopuszczalne pod pewnymi warunkami, na przykład gdy muzułmanów spotkają prześladowania lub agresja. Jej postępowanie regulują rygorystyczne wytyczne etyczne, kładące nacisk na proporcjonalność i unikanie szkody dla osób niewalczących.

4. Intelektualny Dżihad (Dżihad al-Ilmi): Intelektualny Dżihad obejmuje walkę o wiedzę, mądrość i zrozumienie. Zachęca muzułmanów do poszukiwania edukacji, krytycznego myślenia i pozytywnego wnoszenia wkładu w społeczeństwo. Ta forma dżihadu promuje rozwój intelektualny i dążenie do pożytecznej wiedzy.

5. Dżihad Gospodarczy (Dżihad al-Mal): Dżihad Gospodarczy dotyczy wykorzystywania własnego bogactwa i zasobów dla poprawy społeczeństwa, wspierania celów charytatywnych i przyczyniania się do dobrobytu społeczności. Zachęca do prowadzenia działalności gospodarczej zgodnej z zasadami etycznymi i moralnymi.

6. Dżihad Społeczny (Dżihad al-Mujtama): Społeczny Dżihad koncentruje się na rozwiązywaniu problemów społecznych, promowaniu sprawiedliwości i dążeniu do wykorzenienia problemów społecznych. Polega na aktywnym udziale w pracach społecznych, pracy charytatywnej i inicjatywach mających na celu poprawę dobrobytu jednostek i społeczności.

7. Ekologiczny dżihad (Jihad al-Bi'ah): Troska o środowisko i ochrona zasobów Ziemi jest uważana za formę dżihadu w islamie. Zarządzanie środowiskiem i odpowiedzialne wykorzystanie zasobów jest zgodne z islamską zasadą bycia powiernikami (khalifah) Ziemi.

8. Warunki zbrojnego dżihadu: Jeżeli zbrojny dżihad stanie się konieczny, musi on spełniać rygorystyczne warunki określone w orzecznictwie islamskim. Wymaga uzasadnionej przyczyny, deklaracji prawowitej władzy, przestrzegania zasad zaangażowania i unikania krzywdy dla osób niewalczących.

9. Błędne przekonania i ekstremizm: Dżihad jest często błędnie interpretowany i błędnie kojarzony z przemocą. Ekstremistyczne interpretacje doprowadziły do aktów terroryzmu, które większość muzułmanów potępia. Islam opowiada się za sprawiedliwą i proporcjonalną reakcją w samoobronie, a nie masową przemocą.

10. Równowaga i umiar: Nauki islamu podkreślają znaczenie równowagi i umiaru we wszystkich aspektach życia, łącznie z dżihadem. Muzułmanów zachęca się, aby dążyli do sprawiedliwości, pokoju i prawości, unikając jednocześnie ekstremizmu i ekscesów.

Podsumowując, Dżihad w islamie obejmuje spektrum znaczeń i zastosowań, od osobistych wysiłków duchowych po zbiorowe wysiłki na rzecz poprawy społecznej. Kluczowe jest zrozumienie dżihadu w jego szerszym kontekście, uznanie jego wieloaspektowej natury i nacisk na etyczne postępowanie, sprawiedliwość i prawość.

Ihsan (doskonałość) w islamie: dążenie do duchowej doskonałości

Ihsan to centralne pojęcie w islamie, reprezentujące najwyższy poziom duchowej doskonałości i oddania. Zakorzeniony w naukach Proroka Mahometa (pokój i błogosławieństwo Allaha z nim) Ihsan zachęca muzułmanów, aby czcili Allaha tak, jakby Go widzieli, oraz starali się o moralną i duchową doskonałość we wszystkich aspektach życia.

1. Definicja Ihsan: Ihsan, wywodzący się od arabskiego rdzenia „HSN", przekazuje ideę doskonałości, doskonałości i robienia rzeczy ze szczerością i pięknem. Wiąże się to z wyjściem poza minimalne wymagania obowiązków religijnych, aby osiągnąć wyższy poziom oddania i prawości.

2. Hadis Jibril: Koncepcja Ihsan jest znana w hadisach Jibril, gdzie anioł Jibril ukazał się Prorokowi Mahometowi (pzn) w postaci mężczyzny i zapytał o islam, Iman (wiarę) i Ihsan. W odpowiedzi na pytanie dotyczące Ihsana Prorok stwierdził: „Polega to na czczeniu Allaha tak, jakbyś Go widział, a jeśli Go nie widzisz, to rzeczywiście On widzi ciebie".

3. Oddawanie czci tak, jakby się widziało Allaha: Istota Ihsana leży w głębokiej świadomości obecności Allaha. Muzułmanów zachęca się do oddawania czci ze świadomością, że Allah patrzy, co prowadzi do szczerości, oddania i poczucia odpowiedzialności za wszystkie działania.

4. Szczerość (Ikhlas): Ihsan obejmuje wykonywanie działań ze szczerością i czystością intencji. Akty kultu, czy to publiczne, czy prywatne, należy podejmować wyłącznie ze względu na Allaha, bez szukania pochwał i aprobaty ze strony innych.

5. Doskonałość w wielbieniu Boga (Ibadah): Ihsan wymaga pilnego wykonywania aktów uwielbienia, koncentrując się na jakości i duchowej głębi kultu, a nie tylko na wypełnianiu obowiązków. Polega na wychodzeniu poza podstawowe wymagania i dążeniu do doskonałości w modlitwach, poście, jałmużnie i innych formach kultu.

6. Życzliwość i współczucie (Ihsan wobec innych): Ihsan rozciąga się na interakcje z bliźnimi. Muzułmanów zachęca się, aby w kontaktach z innymi ucieleśniają życzliwość, współczucie i uczciwość. Traktowanie ludzi z doskonałością i empatią jest uważane za istotny aspekt Ihsan.

7. Etyczne postępowanie (Adab): Ihsan obejmuje etyczne postępowanie we wszystkich aspektach życia. Muzułmanów zachęca się do przestrzegania cnót moralnych, uczciwości i prawości, odzwierciedlając nauki islamu w swoim charakterze i zachowaniu.

8. Zarządzanie środowiskiem (Ihsan wobec stworzenia): Troska o środowisko jest formą Ihsan. Islam kładzie nacisk na odpowiedzialne zarządzanie (khalifa) Ziemią, zachęcając wierzących do unikania marnotrawstwa, zanieczyszczenia i szkody dla świata przyrody.

9. Poszukiwanie doskonałości w wiedzy: Ihsan obejmuje dążenie do wiedzy. Muzułmanów zachęca się do poszukiwania doskonałości w edukacji, zdobywania przydatnej wiedzy i pozytywnego przyczyniania się do rozwoju intelektualnego i społecznego.

10. Ciągłe doskonalenie: Ihsan angażuje się w ciągłe samodoskonalenie i rozwój duchowy. Zachęca się wierzących, aby zastanowili się nad swoimi czynami, szukali przebaczenia za niedociągnięcia i starali się osiągnąć wyższy poziom doskonałości w swoich relacjach z Allahem i bliźnimi.

Podsumowując, Ihsan jest wiodącą zasadą islamu, która zachęca wierzących do wykroczenia poza zwykłe przestrzeganie obowiązków religijnych i dążenia do duchowej doskonałości we wszystkich aspektach życia. Uosabia dążenie do doskonałości w kulcie, szczerość intencji oraz przejaw życzliwości i współczucia wobec innych. Ihsan służy jako koncepcja transformacyjna, która podnosi duchową podróż muzułmanina, wspierając głęboką więź z Allahem i zaangażowanie w cnotliwe postępowanie w świecie.

Rodzina i etyka społeczna w islamie: podstawy sprawiedliwego społeczeństwa

Islam kładzie duży nacisk na etyczne postępowanie w rodzinie i szerszych interakcjach społecznych. Nauki islamu zapewniają kompleksowe ramy dla wspierania silnych więzi rodzinnych, promowania sprawiedliwości, współczucia i przestrzegania zasad etycznych w stosunkach społecznych.

1. Rodzina jako fundament: Islam postrzega rodzinę jako podstawowy element budulcowy społeczeństwa. Koran podkreśla znaczenie utrzymywania silnych więzi rodzinnych, okazywania życzliwości rodzicom i wypełniania obowiązków rodzinnych.

2. Harmonia małżeńska: Etyka islamska podkreśla znaczenie wzajemnego szacunku, miłości i komunikacji między małżonkami. Relacja małżeńska jest postrzegana jako źródło spokoju, towarzystwa i duchowego wsparcia. Islam zachęca do uczciwości, życzliwości i zrozumienia w małżeństwie.

3. Prawa i obowiązki rodzicielskie: Rodzice cieszą się w islamie szacunkiem i dzieciom zaleca się okazywanie rodzicom najwyższego szacunku i życzliwości. Koran podkreśla obowiązek dzieci opiekowania się starzejącymi się rodzicami oraz traktowania ich z miłością i godnością.

4. Sprawiedliwość w dziedziczeniu: Islamskie przepisy dotyczące dziedziczenia mają na celu zapewnienie sprawiedliwości i uczciwości wśród członków rodziny. Szczegółowe wytyczne określają podział majątku, zapobiegając nadmiernemu faworyzowaniu i promując sprawiedliwy podział majątku między spadkobierców.

5. Sprawiedliwość społeczna i współczucie: Islam opowiada się za sprawiedliwością społeczną i współczuciem dla mniej szczęśliwych. Muzułmanów zachęca się do angażowania się w działania charytatywne

(Zakat) i wspierania społeczności na różne sposoby, wzmacniając poczucie odpowiedzialności wobec potrzebujących.

6. Sąsiedzi i społeczność: Etyka islamska wykracza poza rodzinę i obejmuje interakcje z sąsiadami i szerszą społecznością. Muzułmanów poucza się, aby traktowali sąsiadów życzliwie, zapewniali pomoc w razie potrzeby i aktywnie uczestniczyli w dobrobycie społeczności.

7. Etyczne praktyki biznesowe: Islam kładzie duży nacisk na etyczne postępowanie w kontaktach biznesowych. Uczciwość, przejrzystość i uczciwość to podstawowe zasady, a lichwa (riba) i oszukańcze praktyki są surowo zabronione.

8. Prawdomówność i wiarygodność: muzułmanom zaleca się, aby w kontaktach ze sobą byli prawdomówni i godni zaufania. Uczciwość jest uważana za podstawową cnotę, a wypełnianie zobowiązań i umów jest postrzegane jako obowiązek moralny.

9. Szacunek dla różnorodności: Islam zachęca do poszanowania różnorodności w społeczeństwie. Bez względu na różnice w pochodzeniu etnicznym, rasie czy statusie społecznym, muzułmanom zaleca się traktowanie innych z życzliwością, unikanie dyskryminacji i uprzedzeń.

10. Skromność i przyzwoitość: Etyka islamska promuje skromność i przyzwoitość w osobistym postępowaniu, ubiorze i mowie. Zarówno mężczyźni, jak i kobiety są zachęcani do zachowywania skromności jako środka zachowania godności i wspierania zdrowego środowiska społecznego.

11. Rozwiązywanie konfliktów: Islam zapewnia wytyczne dotyczące rozwiązywania konfliktów w sposób uczciwy i sprawiedliwy. Kładzie się nacisk na mediację, dialog i poszukiwanie wspólnej płaszczyzny, a ostatecznym celem jest utrzymanie harmonii w rodzinach i społecznościach.

12. Odpowiedzialność społeczna: Wzywa się muzułmanów do aktywnego angażowania się w sprawy społeczne i pozytywnego przyczyniania się do dobrobytu społeczności. Odpowiedzialność społeczna rozciąga się na obszary takie jak edukacja, opieka zdrowotna i zarządzanie środowiskiem.

13. Ochrona praw: Etyka islamska kładzie nacisk na ochronę indywidualnych praw i wolności. Każdy człowiek ma prawo do sprawiedliwości, godności i bezpieczeństwa osobistego, a islam zachęca do ustanawiania sprawiedliwych systemów prawnych w celu ochrony tych praw.

Podsumowując, etyka rodzinna i społeczna w islamie zapewnia kompleksowe i wzajemnie powiązane ramy budowania sprawiedliwego i współczującego społeczeństwa. Zasady sprawiedliwości, życzliwości i etycznego postępowania są integralną częścią wspierania silnych więzi rodzinnych i przyczyniania się do dobrobytu szerszej społeczności. Zachęca się muzułmanów, aby wcielili te zasady etyczne w swoje codzienne życie, tworząc społeczeństwo zakorzenione we współczuciu, sprawiedliwości i wzajemnym szacunku.

Równość płci w islamie: zasady równości i sprawiedliwości

Islam opowiada się za równością płci, podkreślając równą wartość i prawa mężczyzn i kobiet. Zakorzenione w naukach Koranu i przykładzie Proroka Mahometa (pzn), zasady islamskie promują sprawiedliwość, godność i sprawiedliwość dla osób każdej płci.

1. Równość duchowa: Islam uznaje duchową równość mężczyzn i kobiet. Obydwa są uważani za równych pod względem pobożności, oddania i duchowej bliskości z Allahem. Koran stwierdza: „Ale kto czyni dobre uczynki, czy to mężczyzna, czy kobieta, będąc wierzącym – ten wejdzie do raju i nie dozna niesprawiedliwości [nawet tak jak] plamka na nasionku daktyla". (Koran 4:124)

2. Równość prawna: Prawo islamskie przyznaje mężczyznom i kobietom równe prawa i obowiązki. Chociaż niektóre role i obowiązki mogą się różnić w zależności od różnic biologicznych i potrzeb społecznych, obu płciom przysługują prawa, w tym prawo do dziedziczenia, prawo do pracy i prawo do poszukiwania edukacji.

3. Edukacja: Islam zachęca do poszukiwania wiedzy zarówno w przypadku mężczyzn, jak i kobiet. Prorok Mahomet (pokój i błogosławieństwo Allaha z nim) podkreślił znaczenie edukacji, stwierdzając: „Poszukiwanie wiedzy jest obowiązkiem każdego muzułmanina, mężczyzny i kobiety". Zasada ta podkreśla równe prawo mężczyzn i kobiet do edukacji.

4. Równość ekonomiczna: Kobiety w islamie mają prawo do posiadania i zarządzania swoją własnością, prowadzenia działalności gospodarczej i uczestniczenia w działalności gospodarczej. Koran uznaje niezależność finansową kobiet i kładzie nacisk na uczciwe postępowanie finansowe w małżeństwie.

5. Role i obowiązki społeczne: Chociaż islam uznaje pewne biologiczne i fizjologiczne różnice między mężczyznami i kobietami, nie przypisuje wrodzonej wyższości żadnej z płci. Zarówno mężczyźni, jak i kobiety pełnią uzupełniające się role i obowiązki w rodzinie i społeczeństwie, współpracując na rzecz utrzymania równowagi i harmonii.

6. Skromność i godność: Zasady islamu zachęcają zarówno mężczyzn, jak i kobiety, aby zachowywali skromność i godność w swoim zachowaniu i wyglądzie. Skromność jest postrzegana jako cnota, która przyczynia się do tworzenia pełnego szacunku i harmonijnego środowiska społecznego.

7. Wzajemny szacunek: Islam podkreśla znaczenie wzajemnego szacunku między mężczyznami i kobietami. Koran instruuje wierzących, aby współdziałali ze sobą w sposób, który podtrzymuje godność, życzliwość i troskę, tworząc atmosferę szacunku i zrozumienia.

8. Sprawiedliwość w małżeństwie: Nauki islamu kładą nacisk na koncepcję wzajemnej zgody i współpracy w małżeństwie. Oboje małżonkowie mają prawa i obowiązki, a Koran podkreśla znaczenie życzliwości, współczucia i sprawiedliwego traktowania w związkach małżeńskich.

9. Udział w życiu politycznym: Islam zachęca do aktywnego udziału zarówno mężczyzn, jak i kobiet w życiu publicznym. Chociaż konkretne formy uczestnictwa mogą się różnić, nadrzędną zasadą jest to, że obie płcie mają prawo angażować się w działalność obywatelską i polityczną, aby przyczynić się do dobra społeczności.

10. Ochrona przed wyzyskiem: Zasady islamu zapewniają gwarancje ochrony praw i godności zarówno mężczyzn, jak i kobiet. Wyzysk, ucisk i wszelkie formy niesprawiedliwości są potępiane, a jednostki mają prawo szukać ochrony przed takimi naruszeniami.

11. Współczucie i empatia: Koran podkreśla znaczenie współczucia i empatii w interakcjach międzyludzkich. Zarówno mężczyźni, jak i kobiety są zachęcani do ucieleśniania tych cnót w swoich związkach, tworząc społeczeństwo charakteryzujące się zrozumieniem i wsparciem.

Podsumowując, równość płci w islamie jest zakorzeniona w zasadach sprawiedliwości, równości i wzajemnego szacunku. Nauki islamu uznają wyjątkowe mocne strony i wkład zarówno mężczyzn, jak i kobiet, promując harmonijne i zrównoważone społeczeństwo, w którym jednostki wszystkich płci mogą rozwijać się godnie i uczciwie.

Wiedza i edukacja w islamie: w pogoni za mądrością i oświeceniem

Islam kładzie ogromny nacisk na zdobywanie wiedzy i dążenie do edukacji. Koran i nauki Proroka Mahometa (pzn) podkreślają znaczenie poszukiwania wiedzy dla rozwoju osobistego, postępu społecznego i doskonalenia ludzkości.

1. Koraniczny nacisk na wiedzę: Koran, święta księga islamu, zaczyna się od nakazu czytania, symbolizującego znaczenie wiedzy. Wersety takie jak „Czytaj w imię swego Pana, który stworzył" (Koran 96:1) podkreślają wagę poszukiwania wiedzy jako sposobu na zrozumienie świata i spełnienie swoich celów.

2. Hadisy kładące nacisk na edukację: Prorok Mahomet (pokój i błogosławieństwo Allaha z nim) przekazał liczne powiedzenia (hadisy), które podkreślają wartość wiedzy. Jego słynne stwierdzenie: „Poszukiwanie wiedzy jest obowiązkiem każdego muzułmanina" podkreśla obowiązek zdobywania wiedzy jako podstawowy aspekt praktyki islamskiej.

3. Wiedza jako źródło oświecenia: Islam postrzega wiedzę jako źródło oświecenia, które prowadzi jednostki do głębszego zrozumienia siebie, świata i swojego Stwórcy. Dążenie do wiedzy jest postrzegane jako sposób na zdobywanie mądrości, wspieranie krytycznego myślenia i promowanie holistycznego rozumienia życia.

4. Różnorodne formy wiedzy: Islam zachęca do zdobywania różnorodnych form wiedzy, w tym wiedzy religijnej, naukowej i praktycznej. Dążenie do wiedzy religijnej i światowej jest uważane za niezbędne do prowadzenia zrównoważonego i celowego życia.

5. Edukacja jako ciągła podróż: Koncepcja poszukiwania wiedzy w islamie nie ogranicza się do określonego wieku czy etapu życia. To podróż przez całe życie, która trwa od kołyski aż po grób. Muzułmanów zachęca się do ciągłego uczenia się i rozwoju intelektualnego przez całe życie.

6. Szacunek dla uczonych i pedagogów: Islam przywiązuje dużą wagę do uczonych i pedagogów, którzy poświęcają się zdobywaniu i rozpowszechnianiu wiedzy. Prorok Mahomet (pokój i błogosławieństwo Allaha z nim) podkreślił status uczonych, stwierdzając: „Uczeni są dziedzicami proroków".

7. Etyczne podstawy wiedzy: Nauki islamu kładą nacisk na etyczne wykorzystanie wiedzy. Wiedza jest uważana za środek promujący sprawiedliwość, współczucie i dobrobyt ludzkości. Zachęca się muzułmanów, aby stosowali swoją wiedzę w sposób etyczny i wnosić pozytywny wkład w społeczeństwo.

8. Obowiązek edukowania innych: Muzułmanów zachęca się do dzielenia się swoją wiedzą z innymi. Nauczanie i przekazywanie wiedzy innym członkom społeczności, zwłaszcza młodszemu pokoleniu, postrzegane jest jako akty miłosierdzia oraz środek zachowania i przekazywania mądrości.

9. Integracja wiary i rozumu: Islam zachęca do integracji wiary i rozumu. Dążenie do wiedzy jest postrzegane jako sposób na pogłębienie zrozumienia zasad religijnych i wspieranie harmonijnego związku między wiarą a dociekaniami intelektualnymi.

10. Badania naukowe w islamie: Historia islamu odzwierciedla bogatą tradycję badań naukowych i wkładów. Podczas złotego wieku islamu uczeni muzułmańscy poczynili znaczące postępy w różnych dziedzinach, w tym w astronomii, medycynie, matematyce i filozofii, przyczyniając się do postępu cywilizacji ludzkiej.

11. Wzmocnienie pozycji poprzez edukację: Islam postrzega edukację jako narzędzie wzmacniania pozycji. Zdobywając wiedzę, jednostki są lepiej przygotowane do pełnienia swoich ról odpowiedzialnych członków społeczeństwa, przyczyniania się do rozwoju społeczności i stawiania czoła wyzwaniom społecznym.

Podsumowując, wiedza i edukacja zajmują centralne miejsce w islamie, służąc jako droga do oświecenia, etycznego postępowania i postępu społecznego. Dążenie do wiedzy jest postrzegane jako szlachetne przedsięwzięcie, które jest zgodne z zasadami wiary, rozumu i doskonalenia ludzkości. Muzułmanów zachęca się do poszukiwania wiedzy, wnoszenia wkładu w tradycję naukową i wykorzystywania edukacji jako środka osobistego i zbiorowego rozwoju.

Miłosierdzie i współczucie w islamie: serce etyki islamskiej

Miłosierdzie i współczucie to podstawowe zasady islamu, głęboko zakorzenione w Koranie, a ich przykładem są działania i nauki Proroka Mahometa (pokój i błogosławieństwo Allaha z nim). Cnoty te stanowią istotę etyki islamu, kierując zachowaniem wierzących w ich relacjach z Allahem, bliźnimi i całym stworzeniem.

1. Miłosierne imię Allaha: Jednym z najczęściej powtarzanych atrybutów Allaha w Koranie jest „Ar-Rahman" (Najbardziej Miłosierny) i „Ar-Rahim" (Najbardziej Współczujący). Początkowy werset większości rozdziałów Koranu zaczyna się od wyrażenia „Bismillah Ar-Rahman Ar-Rahim" (W imię Allaha, Najmiłosierniejszego, Najbardziej Współczującego), podkreślając miłosierdzie jako podstawę wszystkich działań.

2. Prorok Mahomet jako miłosierdzie: Prorok Mahomet (pzn) jest opisany w Koranie jako miłosierdzie dla światów. Jego charakter i czyny były przykładem współczucia, empatii i życzliwości. Okazywał miłosierdzie nie tylko ludziom, ale także zwierzętom i środowisku.

3. Miłosierdzie w codziennych modlitwach: Muzułmanie rozpoczynają swoje modlitwy zwrotem „Bismillah Ar-Rahman Ar-Rahim", przypominając sobie o miłosierdziu Allaha. Ponadto powiedzenie „As-Salamu Alaikum wa Rahmatullah" (Pokój i miłosierdzie Allaha niech będzie z wami) jest powszechnym pozdrowieniem wśród muzułmanów, podkreślającym znaczenie miłosierdzia w stosunkach międzyludzkich.

4. Miłosierdzie w stosunkach rodzicielskich: Islam kładzie duży nacisk na okazywanie rodzicom miłosierdzia i życzliwości. Koran instruuje wierzących, aby opuścili skrzydła pokory wobec rodziców i modlili się za nich, uznając ofiary, jakie ponieśli w wychowaniu swoich dzieci.

5. Współczucie wobec dzieci: Prorok Mahomet (pokój i błogosławieństwo Allaha z nim) okazywał współczucie dzieciom i podkreślał ich prawa. Zachęcał do okazywania im życzliwości i uczucia, dostrzegania ich bezbronności i potrzeby opieki.

6. Miłosierdzie w małżeństwie: Nauki islamu kładą nacisk na miłosierdzie i współczucie w związkach małżeńskich. Zachęcamy mężów i żony, aby traktowali siebie nawzajem z życzliwością, zrozumieniem i wsparciem. Koran opisuje związek małżeński jako pełen miłości i spokoju.

7. Miłosierdzie w sprawiedliwości: Islamska sprawiedliwość jest łagodzona miłosierdziem. Koran naucza, że nawet w sprawach sprawiedliwości należy brać pod uwagę okoliczności i okazywać współczucie. Hadisy Proroka podkreślają znaczenie wyrozumiałości i miłosierdzia przy wymierzaniu sprawiedliwości.

8. Miłosierdzie wobec zwierząt: Prorok Mahomet (pokój i błogosławieństwo Allaha z nim) nauczał współczucia wobec zwierząt, kładąc nacisk na ich dobrostan i humanitarne traktowanie. Zakazał okrucieństwa wobec zwierząt i zachęcał do zapewnienia im pożywienia i wody.

9. Miłosierdzie w uczynkach charytatywnych: Islam przywiązuje dużą wagę do aktów miłosierdzia i życzliwości. Zachęca się muzułmanów, aby dawali potrzebującym, okazując miłosierdzie osobom mniej szczęśliwym i przyczyniając się do dobrobytu społeczności.

10. Szukanie miłosierdzia Allaha: Muzułmanie często odwołują się do miłosierdzia Allaha w swoich modlitwach i błaganiach. Szukają przebaczenia i miłosierdzia Allaha, uznając swoją zależność od Jego współczucia w kwestii zbawienia i przewodnictwa.

11. Szerzenie miłosierdzia i życzliwości: Islam zachęca wierzących, aby ucieleśniają miłosierdzie i współczucie w swoim codziennym życiu i kontaktach. Akty dobroci, przebaczenia i hojności są postrzegane jako sposoby szerzenia miłosierdzia w społeczeństwie i przyczyniania się do tworzenia bardziej współczującego świata.

Podsumowując, miłosierdzie i współczucie to główne zasady etyki islamu, odzwierciedlające głęboką i miłosierną naturę Allaha. Muzułmanie są powołani do ucieleśniania tych cnót w swoich relacjach z innymi, uznając, że miłosierdzie jest źródłem siły, uzdrowienia i kluczem do budowania sprawiedliwego i współczującego społeczeństwa.

Zarządzanie środowiskiem w islamie: opieka i odpowiedzialność

Zarządzanie środowiskiem jest istotnym aspektem nauk islamu, kładącym nacisk na odpowiedzialność ludzi jako zarządców (khalifah) Ziemi. Koran i hadisy (powiedzenia i czyny Proroka Mahometa, niech spoczywa w pokoju) dostarczają wskazówek dotyczących dbania o środowisko, promowania zrównoważonego rozwoju i uznawania wzajemnych powiązań wszystkich żywych istot.

1. Stworzenie jako znaki Allaha: Koran opisuje świat przyrody jako znaki (Ayat) stworzenia Allaha. Zachęca się wierzących do refleksji nad pięknem, różnorodnością i równowagą w przyrodzie, uznając je za przejawy boskiej mądrości.

2. Opieka (Khalifah): Zgodnie z naukami islamu ludzie są uważani za zarządców lub strażników (khalifa) Ziemi. Rola ta wiąże się z odpowiedzialnością za mądre zarządzanie zasobami, unikanie marnotrawstwa i zapewnienie dobrostanu środowiska.

3. Ochrona zasobów: Islam zachęca do ochrony zasobów naturalnych. Prorok Mahomet (pokój i błogosławieństwo Allaha z nim) podkreślił znaczenie unikania ekstrawagancji, nawet gdy dostępne są obfite zasoby, ponieważ marnowanie zasobów jest sprzeczne z zasadami gospodarowania.

4. Oszczędzanie wody: Koran uznaje wodę za cenny zasób i zaleca umiarkowane jej używanie. Prorok (pokój i błogosławieństwo Allaha z nim) podkreślił znaczenie niemarnowania wody, nawet gdy znajduje się w pobliżu płynącej rzeki, wzmacniając zasadę odpowiedzialnego zarządzania zasobami.

5. Zakaz marnotrawstwa (Israf): Koran zabrania ekstrawagancji i marnotrawstwa (israf) we wszystkich aspektach życia. Odradza się marnotrawienie zasobów, takich jak żywność, woda i inne niezbędne produkty, co jest zgodne z zasadami zrównoważonego rozwoju.

6. Etyczne traktowanie zwierząt: Islam opowiada się za etycznym traktowaniem zwierząt. Prorok Mahomet (pokój i błogosławieństwo Allaha z nim) zakazał niepotrzebnego krzywdzenia zwierząt, podkreślając ich prawo do humanitarnego traktowania, właściwej opieki oraz zapewnienia pożywienia i wody.

7. Zakaz zanieczyszczania: Nauki islamu zabraniają działań, które powodują szkody dla środowiska lub zanieczyszczają powietrze, wodę lub ziemię. Koncepcja amanah (zaufania) wzmacnia odpowiedzialność za utrzymanie czystości i czystości Ziemi.

8. Sadzenie drzew i zieleni: Prorok Mahomet (pokój i błogosławieństwo Allaha z nim) zachęcał do sadzenia drzew i zieleni. Sadzenie drzew uważane jest za akt dobroczynności, przyczyniający się do zrównoważenia środowiskowego i zapewniający korzyści ludziom i zwierzętom.

9. Zrównoważone rolnictwo: Zasady islamskie promują zrównoważone praktyki rolnicze. Koran wspomina o znaczeniu żyznej gleby i zachęca do odpowiedzialnej uprawy, podkreślając znaczenie rolnictwa w zapewnianiu pożywienia ludzkości.

10. Równowaga pomiędzy rozwojem i ochroną środowiska: Nauki islamu kładą nacisk na zrównoważone podejście do rozwoju, które uwzględnia ochronę środowiska. Koncepcja mizan (równowaga) zachęca do odpowiedzialnego rozwoju, który zaspokaja potrzeby człowieka, nie naruszając równowagi ekologicznej.

11. Sprawiedliwość środowiskowa: Islam kładzie nacisk na sprawiedliwość we wszystkich aspektach życia, łącznie ze środowiskiem. Sprawiedliwa dystrybucja zasobów, ochrona ekosystemów i sprawiedliwe podejście do kwestii środowiskowych są integralną częścią islamskiej etyki środowiskowej.

12. Koncepcja Baraki (błogosławieństwa): Islam naucza, że odpowiedzialne zarządzanie prowadzi do baraki, czyli błogosławieństwa w korzystaniu z zasobów. Chroniąc środowisko i rozsądnie korzystając z zasobów, wierzący mogą spodziewać się zwiększonej produktywności i utrzymania.

13. Odpowiedzialność zbiorowa: Nauki islamu podkreślają, że zarządzanie środowiskiem jest odpowiedzialnością zbiorową. Zachęca się społeczności i społeczeństwa do współpracy w celu stawienia czoła wyzwaniom środowiskowym, wzmacniając poczucie wspólnej opieki.

Podsumowując, zarządzanie środowiskiem w islamie jest głęboko zakorzenione w zasadach odpowiedzialności, ochrony i etycznego traktowania Ziemi. Koran i hadisy zapewniają wierzącym kompleksowe ramy umożliwiające uważne podejście do kwestii środowiskowych, promowanie zrównoważonych praktyk i uznawanie wzajemnych powiązań świata przyrody.

Stosunki międzywyznaniowe w islamie: promowanie zrozumienia i współistnienia

Islam zachęca do pozytywnych i pełnych szacunku stosunków z ludźmi innych wyznań, kładąc nacisk na zasady tolerancji, dialogu i pokojowego współistnienia. Koran i hadisy zawierają wskazówki, w jaki sposób muzułmanie powinni współpracować z osobami o różnym pochodzeniu religijnym, trzymając się jednocześnie swoich własnych przekonań.

1. Koraniczny nacisk na różnorodność: Koran uznaje różnorodność ludzkości pod względem wiary, stwierdzając: „A gdyby zechciał wasz Pan, ci na ziemi uwierzyliby – wszyscy całkowicie. Zatem [O Mahomecie], czy zmusiłbyś lud, aby uwierzyli?" (Koran 10:99). Werset ten podkreśla akceptację różnorodnych wierzeń.

2. Wspólne pochodzenie: Koran podkreśla, że wszyscy ludzie mają wspólnego przodka, podkreślając jedność rodziny ludzkiej. Niezależnie od różnic religijnych islam zachęca do uznania wspólnego człowieczeństwa, które łączy ludzi.

3. Szacunek dla miejsc kultu: Islam uczy szacunku dla miejsc kultu należących do różnych religii. Koran nakazuje muzułmanom, aby nie znieważali cudzych bóstw, aby uniknąć wzajemnego znieważania Allaha.

4. Wolność wyznania: Koran kładzie nacisk na wolność wyznania, stwierdzając: „W religii nie ma przymusu" (Koran 2:256). Zachęca się muzułmanów do pokojowego przekazywania przesłania islamu, uznając, że ludzie mają prawo wybrać swoją wiarę.

5. Dialog i zrozumienie: Islam zachęca do dialogu i zrozumienia między ludźmi różnych wyznań. Koran nakazuje muzułmanom angażować się w dyskusje z ludźmi Księgi (Żydami i chrześcijanami) w sposób uczciwy, pełen szacunku i sprzyjający wzajemnemu zrozumieniu.

6. Wspólne wartości i moralność: Islam uznaje podobieństwa w wartościach moralnych podzielanych przez ludzi różnych wyznań. Muzułmanów zachęca się do współpracy z innymi w promowaniu sprawiedliwości, życzliwości i etycznego postępowania, niezależnie od różnic religijnych.

7. Spójność społeczna: Islam promuje spójność społeczną i współpracę pomiędzy jednostkami i społecznościami różnych wyznań. Koran zachęca do współpracy w przedsięwzięciach charytatywnych i wysiłkach mających na celu rozwiązanie problemów społecznych dla większego dobra ludzkości.

8. Gościnność wobec nie muzułmanów: Islam kładzie nacisk na gościnność i życzliwość wobec niemuzułmanów. Według doniesień Prorok Mahomet (pokój i błogosławieństwo Allaha z nim) powiedział: „Kto wierzy w Allaha i Dzień Ostatni, niech nie krzywdzi swego bliźniego. A kto wierzy w Allaha i Dzień Ostatni, niech okaże gościnność swemu gościowi".

9. Wspólna praca na rzecz wspólnych celów: Islam zachęca do współpracy pomiędzy jednostkami i społecznościami, niezależnie od różnic religijnych, aby wspólnie pracować na rzecz wspólnych celów, takich jak pokój, sprawiedliwość i wysiłki humanitarne.

10. Pluralizm religijny: Nauki islamu uznają istnienie różnych religii i podkreślają znaczenie pokojowego współistnienia. Zachęca się muzułmanów do harmonijnego życia z ludźmi różnych wyznań, promując atmosferę wzajemnego szacunku i zrozumienia.

11. Akty dobroci wobec niemuzułmanów: Prorok Mahomet (pokój i błogosławieństwo Allaha z nim) okazywał akty dobroci i hojności wobec niemuzułmanów, podkreślając znaczenie traktowania wszystkich osób ze współczuciem i uczciwością.

12. Poszanowanie indywidualnych wyborów: Islam kładzie nacisk na poszanowanie indywidualnych wyborów dotyczących wiary. Przypomina się muzułmanom, że przewodnictwo jest w rękach Allaha i powinni przekazywać przesłanie islamu z mądrością i cierpliwością.

Podsumowując, islam zachęca do pozytywnego nawiązywania kontaktów z osobami innych wyznań, tworząc atmosferę zrozumienia, tolerancji i pokojowego współistnienia. Zasady szacunku, dialogu i uznania wspólnego człowieczeństwa są integralną częścią islamskiego nauczania o stosunkach międzywyznaniowych. Muzułmanie są wezwani do współdziałania z innymi w sposób promujący harmonię i przyczyniający się do budowania zróżnicowanego i inkluzywnego społeczeństwa.

Zarządzanie w islamie: zasady sprawiedliwości, odpowiedzialności i konsultacji

Zarządzanie islamem opiera się na zasadach wywodzących się z Koranu i nauk Proroka Mahometa (pzn). Kładzie nacisk na sprawiedliwość, odpowiedzialność, konsultacje i przestrzeganie islamskich wartości etycznych. Oto kluczowe aspekty rządzenia w islamie:

1. Suwerenność Allaha: Islam uznaje suwerenność Allaha za najwyższą władzę. Zarządzanie islamskie opiera się na przekonaniu, że prawa i polityka powinny być zgodne z islamskimi zasadami i etyką, zapewniając posłuszeństwo wskazówkom Allaha.

2. Prawo i sprawiedliwość: Koran podkreśla znaczenie sprawiedliwości i sprawiedliwych rządów. Przywódcy są instruowani, aby rządzić sprawiedliwie i stać na straży praw wszystkich osób, niezależnie od ich pochodzenia i przekonań. Sprawiedliwość jest uważana za podstawowy filar rządów w islamie.

3. Konsultacyjne podejmowanie decyzji (szura): koncepcja szury, czyli konsultacji, jest integralną częścią rządów islamskich. Zachęcamy przywódców do konsultowania się z doświadczonymi osobami i społecznością przed podjęciem znaczących decyzji. Koran stwierdza: „A ci, którzy [zakończyli] między sobą naradę, okazują się [zaangażowani] w akty kultu, a następnie [wtedy] w dalszym ciągu płacą należny im udział w jałmużnie i są aktywni w modlitwa." (Koran 42:38)

4. Sprawiedliwe przywództwo (Adalah): islamskie rządy opowiadają się za przywódcami, którzy są ucieleśnieniem sprawiedliwości (adalah). Od przywódców oczekuje się, że będą rządzić sprawiedliwie, zapewniając dobrobyt swoim poddanym i przestrzegając zasad sprawiedliwości i równości.

5. Odpowiedzialność (Muhasabah): Przywódcy islamu są odpowiedzialni za swoje czyny. Koran podkreśla, że przywódcy będą przesłuchiwani w związku z ich obowiązkami i zdecydowanie potępia ucisk lub nadużycie władzy.

6. Opieka (Wilayah): Zarządzanie islamskie jest często opisywane jako forma opieki, w której przywódcy są postrzegani jako szafarze odpowiedzialni za dobro społeczności. Koncepcja ta jest zgodna z ideą, że przywódcy są odpowiedzialni za dobro swoich wyborców.

7. Dobro publiczne (Maslahah): Zarządzanie islamskie stawia na pierwszym miejscu dobro społeczeństwa (maslahah). Polityka i decyzje powinny mieć na celu przynoszenie korzyści społeczeństwu i promowanie dobra wspólnego, zgodnie z islamskimi wartościami etycznymi.

8. Sprawiedliwość społeczna: Rządy islamskie kładą duży nacisk na sprawiedliwość społeczną. Polityka powinna eliminować dysproporcje gospodarcze, uwzględniać potrzeby osób bezbronnych i zapewniać sprawiedliwą dystrybucję zasobów w celu stworzenia sprawiedliwego i godziwego społeczeństwa.

9. Ochrona praw (Huquq): Prawa jednostki są uważane za święte w rządach islamskich. Przywódcy są odpowiedzialni za ochronę praw wszystkich obywateli, niezależnie od ich pochodzenia religijnego, etnicznego czy społecznego.

10. Jedność i braterstwo: Zarządzanie islamskie zachęca do jedności i braterstwa wśród różnorodnych członków społeczeństwa. Od przywódców oczekuje się tworzenia środowiska promującego solidarność i wzajemne wsparcie, ponad podziałami.

11. Decentralizacja i zarządzanie lokalne: Islam pozwala na pewien stopień decentralizacji, umożliwiając społecznościom lokalnym wypowiadanie się w ich sprawach. Jest to zgodne z koncepcją Szury, ponieważ decyzje powinny uwzględniać wkład różnych warstw społeczeństwa.

12. Etyczne postępowanie (Adab): Od przywódców islamu oczekuje się, że będą wykazywać się etycznym postępowaniem (adab) w życiu osobistym i zawodowym. Uważa się, że integralność moralna i trzymanie się wartości islamskich są niezbędne dla skutecznego przywództwa.

Podsumowując, zarządzanie w islamie charakteryzuje się zasadami sprawiedliwości, odpowiedzialności, konsultacji i przestrzegania islamskich wartości etycznych. Koran i hadisy zapewniają przywódcom kompleksowe ramy umożliwiające sprawowanie rządów w sposób uczciwy, współczujący i z głębokim poczuciem odpowiedzialności za dobro społeczności. Zarządzanie islamskie ma na celu tworzenie społeczeństw, które stoją na straży sprawiedliwości, chronią prawa jednostki i promują dobrobyt wszystkich obywateli.

Rozwój osobisty w islamie: pielęgnowanie wymiaru duchowego, intelektualnego i etycznego

Islam kładzie duży nacisk na rozwój osobisty, obejmujący duchowe, intelektualne i etyczne aspekty życia jednostki. Nauki Koranu i przykład Proroka Mahometa (pokój i błogosławieństwo Allaha z nim) dostarczają wskazówek muzułmanom pragnącym samodoskonalenia i wzrostu.

1. Rozwój duchowy: Islam kładzie nacisk na prymat rozwoju duchowego. Muzułmanów zachęca się do wzmacniania swojej więzi z Allahem poprzez akty kultu, takie jak modlitwa, post i proszenie o przebaczenie. Koran stwierdza: „Ale wy wolicie życie doczesne, podczas gdy życie przyszłe jest lepsze i trwalsze". (Koran 87:16-17), podkreślając znaczenie przedkładania dobrostanu duchowego nad sprawy doczesne.

2. Poszukiwanie wiedzy: Islam przywiązuje dużą wagę do wiedzy. Prorok Muhammad (pokój i błogosławieństwo Allaha z nim) powiedział: „Poszukiwanie wiedzy jest obowiązkiem każdego muzułmanina". Muzułmanów zachęca się do zdobywania wiedzy religijnej i światowej, co sprzyja rozwojowi intelektualnemu i przyczynia się do poprawy społeczeństwa.

3. Rozwój moralny i etyczny: Nauki islamu kładą nacisk na etyczne postępowanie i cnoty moralne. Muzułmanów zachęca się do rozwijania takich cech, jak uczciwość, prawość, życzliwość i cierpliwość. Koran stanowi kompas moralny, wskazujący ludziom, jak prowadzić cnotliwe życie.

4. Autorefleksja i odpowiedzialność: Islam zachęca do autorefleksji i odpowiedzialności. Wierzący są zachęcani do oceniania swoich działań, szukania przebaczenia za niedociągnięcia i dążenia do ciągłego samodoskonalenia. Koran stwierdza: „A ci, którzy [starannie] trwają w modlitwie: będą w ogrodach zaszczyceni". (Koran 70:34-35), podkreślając związek pomiędzy utrzymywaniem modlitwy a rozwojem osobistym.

5. Inteligencja emocjonalna: Nauki islamu kładą nacisk na inteligencję emocjonalną i samokontrolę. Muzułmanów zachęca się do radzenia sobie z emocjami, okazywania empatii wobec innych i reagowania na wyzwania z cierpliwością i odpornością.

6. Pokora i wdzięczność: Islam promuje pokorę i wdzięczność jako podstawowe cnoty. Zachęca się wierzących, aby uznali swoją zależność od Allaha, wyrażali wdzięczność za błogosławieństwa i zachowywali pokorę w swoich osiągnięciach.

7. Wyznaczanie celów i planowanie: Islam zachęca do wyznaczania celów i planowania na przyszłość. Prorok Muhammad (pokój i błogosławieństwo Allaha z nim) powiedział: „Silny wierzący jest lepszy i bardziej kochany przez Allaha niż słaby wierzący, choć w jednym i drugim jest dobro". Zachęca się muzułmanów do wyznaczania szlachetnych celów i pilnej pracy nad nimi.

8. Zdrowy styl życia: Islam podkreśla znaczenie utrzymywania zdrowego stylu życia. Obejmuje to zbilansowane odżywianie, regularną aktywność fizyczną i odpowiedni odpoczynek. Prorok Mahomet (pokój i błogosławieństwo Allaha z nim) zachęcał do umiaru we wszystkich aspektach życia.

9. Zaangażowanie społeczne: Rozwój osobisty w islamie nie jest izolowany, ale wymaga aktywnego zaangażowania w społeczność. Muzułmanów zachęca się do wnoszenia pozytywnego wkładu w społeczeństwo, wspierania przedsięwzięć charytatywnych oraz angażowania się w akty dobroci i służby.

10. Zarządzanie czasem: Islam zachęca do efektywnego zarządzania czasem. Prorok Muhammad (pokój i błogosławieństwo Allaha z nim) podkreślił wartość czasu i znaczenie jego mądrego wykorzystywania do produktywnych i pożytecznych działań.

11. Odpowiedzialność finansowa: Nauki islamu kładą nacisk na odpowiedzialność finansową i etyczne postępowanie w sprawach finansowych. Muzułmanów zachęca się do uzyskiwania dochodów zgodnych z prawem halal, mądrego zarządzania swoimi finansami i angażowania się w działalność charytatywną.

12. Przebaczenie i odpuszczenie: Islam uczy, jak ważne jest przebaczenie i porzucenie urazy. Wierzących zachęca się do przebaczania innym, szukania przebaczenia u Allaha i utrzymywania zdrowych relacji.

Podsumowując, rozwój osobisty w islamie jest holistycznym przedsięwzięciem, które dotyczy duchowych, intelektualnych i etycznych wymiarów życia jednostki. Nauki islamu stanowią kompleksowy przewodnik dla muzułmanów, jak pielęgnować swój charakter, zdobywać wiedzę i pozytywnie przyczyniać się do własnego dobrobytu i dobra społeczeństwa.

Odporność i cierpliwość w islamie: wytrzymałość w obliczu wyzwań

Islam kładzie duży nacisk na odporność i cierpliwość jako cnoty, które umożliwiają wierzącym pokonywanie wyzwań życiowych z niezłomnością i zaufaniem do Allaha. Koran i nauki Proroka Mahometa (pokój i błogosławieństwo Allaha z nim) dostarczają wskazówek, jak rozwijać odporność i cierpliwość w różnych aspektach życia.

1. Zrozumienie cierpliwości (Sabr): Cierpliwość, zwana po arabsku „sabr", jest wysoko ceniona w islamie. Koran opisuje cierpliwość jako cechę tych, którzy znoszą trudności z wytrwałością i wytrwałością. „O wy, którzy uwierzyliście, szukajcie pomocy w cierpliwości i modlitwie. Zaprawdę, Allah jest z pacjentem". (Koran 2:153)

2. Rodzaje cierpliwości: Islam uznaje różne formy cierpliwości, w tym cierpliwość w przeciwnościach losu, cierpliwość w unikaniu grzesznych zachowań i cierpliwość w przestrzeganiu aktów kultu. Każda forma cierpliwości jest postrzegana jako sposób na zbliżenie się do Allaha.

3. Cierpliwość w przeciwnościach losu: zachęca się wierzących, aby wykazywali się cierpliwością w chwilach trudności i przeciwności losu. Koran zapewnia: „I My z pewnością doświadczymy was strachem i głodem, utratą majątku, życia i owoców, ale pacjentowi przekażemy dobrą nowinę". (Koran 2:155)

4. Wdzięczność i cierpliwość: Islam uczy związku pomiędzy wdzięcznością i cierpliwością. Nawet w trudnych chwilach przypomina się wierzącym, aby wyrażali wdzięczność za błogosławieństwa, których wciąż doświadczają. „Jeśli będziecie wdzięczni, z pewnością was pomnożę; ale jeśli się zaprzeczycie, zaiste, Moja kara jest surowa". (Koran 14:7)

5. Cierpliwość w oddawaniu czci: Konsekwencja w aktach uwielbienia, takich jak modlitwa, post i uczynki charytatywne, wymaga cierpliwości. Zachęcamy wierzących, aby wytrwale i z oddaniem wypełniali swoje obowiązki religijne.

6. Cierpliwość w poszukiwaniu wiedzy: Islam zachęca do cierpliwości w dążeniu do wiedzy. Uczenie się i zdobywanie mądrości może wymagać czasu i wysiłku, a cierpliwość jest niezbędna tym, którzy podążają ścieżką poszukiwania wiedzy.

7. Odporność w obliczu prób. W islamie odporność jest ściśle powiązana z cierpliwością. Koran uczy, że próby i cierpienia są częścią życia, a wierzących zachęca się do stawiania im czoła z wytrwałością i zaufaniem w mądrość Allaha. „I szukajcie pomocy poprzez cierpliwość i modlitwę, a rzeczywiście jest to trudne, z wyjątkiem pokornie podporządkowanych [Allahowi]". (Koran 2:45)

8. Cierpliwość w związkach: Islam kładzie nacisk na cierpliwość w relacjach międzyludzkich. Zachęcamy wierzących, aby wykazywali się cierpliwością i wyrozumiałością w kontaktach z członkami rodziny, przyjaciółmi i społecznością. Prorok Muhammad (pokój i błogosławieństwo Allaha z nim) powiedział: „Ktokolwiek pragnie wybawienia z ognia piekielnego i przyjęcia do raju, powinien umrzeć z wiarą w Allaha i Dzień Ostatni oraz powinien traktować ludzi tak, jak chciałby być przez nich traktowany".

9. Zaufanie planowi Allaha: Odporność i cierpliwość obejmują zaufanie planowi Allaha, nawet w obliczu niepewności i przeciwności losu. Przypomina się wierzącym, że Allah jest najlepszym z planistów, a cierpliwość jest wyrazem zaufania w Jego boską mądrość.

10. Szukanie nagrody za cierpliwość: Koran obiecuje ogromne nagrody tym, którzy okażą się cierpliwi. „Zaprawdę, pacjent otrzyma nagrodę bez rachunku". (Koran 39:10) Wierzących zachęca się, aby znosili trudności w oczekiwaniu na boską nagrodę.

11. Wzór do naśladowania dla Proroka Mahometa (pzn): Prorok Mahomet (pzn) jest wzorem do naśladowania w zakresie cierpliwości i odporności. Jego życie, naznaczone licznymi wyzwaniami i trudnościami, jest przykładem niezachwianej wytrwałości, zaufania Allahowi i współczucia dla innych.

12. Du'a (błaganie) o cierpliwość: Islam zachęca wierzących, aby poprzez błaganie zwracali się do Allaha o pomoc w rozwijaniu cierpliwości. Prorok Muhammad (pokój i błogosławieństwo Allaha z nim) powiedział: „O Allahu! Uczyń mnie jednym z tych, którzy, gdy obdarzasz ich dobrym zdrowiem, dziękują Ci, a gdy wystawiasz ich na próbę chorobą, cierpliwie znoszą".

Podsumowując, odporność i cierpliwość mają kluczowe znaczenie w naukach islamu i służą wierzącym za narzędzia, dzięki którym mogą stawić czoła wyzwaniom życia z niezłomnością i zaufaniem w mądrość Allaha. Poprzez cierpliwość, wdzięczność i poleganie na Allahu muzułmanie starają się rozwinąć odpornego i trwałego ducha w obliczu zarówno prób, jak i błogosławieństw.

Sprawiedliwość społeczna w islamie: sprawiedliwość, współczucie i wsparcie dla marginalizowanych

Islam kładzie głęboki nacisk na sprawiedliwość społeczną, wzywając do uczciwości, współczucia i ochrony praw wszystkich jednostek w społeczeństwie. Nauki Koranu i przykład Proroka Mahometa (pzn) stanowią kompleksowe ramy dla promowania sprawiedliwości społecznej w różnych aspektach życia.

1. Równość przed Allahem: Koran kładzie nacisk na fundamentalną równość wszystkich ludzi przed Allahem. „O ludzie, zaprawdę stworzyliśmy was z mężczyzny i kobiety i uczyniliśmy was ludami i plemionami, abyście się wzajemnie poznawali. Zaprawdę, najszlachetniejszy z was w oczach Allaha, jest z was najbardziej sprawiedliwy". (Koran 49:13) Werset ten podkreśla ideę, że pobożność, a nie pochodzenie etniczne czy status społeczny, określa wartość człowieka.

2. Sprawiedliwość ekonomiczna: Islam opowiada się za sprawiedliwością gospodarczą, potępiając wyzysk i lichwę. Odradza się praktyki prowadzące do dysproporcji gospodarczych i określa się środki zapewniające sprawiedliwy podział bogactwa. Koncepcja Zakat (datków na cele charytatywne) jest jednym z takich przykładów, podkreślającym obowiązek osób posiadających środki do wspierania mniej szczęśliwych.

3. Opieka nad bezbronnymi: Koran konsekwentnie podkreśla odpowiedzialność społeczeństwa za opiekę nad bezbronnymi, w tym sierotami, wdowami i osobami potrzebującymi. Zachęca się muzułmanów, aby okazywali życzliwość i wsparcie osobom marginalizowanym lub borykającym się z trudnościami.

4. Zakaz lichwy (Riba): Islam zabrania lichwy, uznając szkodliwy wpływ wyzysku praktyk finansowych. Zakaz ten ma na celu zapobieganie nierównościom gospodarczym i ochronę jednostek przed wpadnięciem w cykle zadłużenia.

5. Sprawiedliwość prawna: Islamskie zasady prawne kładą nacisk na sprawiedliwość w systemie prawnym. Uczciwość, bezstronność i prawo do sprawiedliwego procesu to podstawowe zasady, którymi kieruje się stosowanie prawa islamskiego.

6. Etyczne postępowanie w biznesie: Nauki islamu kładą nacisk na etyczne postępowanie w transakcjach biznesowych. Zachęcamy do uczciwości, przejrzystości i uczciwego postępowania, tworząc atmosferę zaufania i sprawiedliwości w działalności gospodarczej.

7. Obrona praw człowieka: Islam opowiada się za ochroną praw człowieka i godności. Koran potwierdza świętość życia ludzkiego i znaczenie przestrzegania praw każdej osoby, niezależnie od jej pochodzenia i przekonań.

8. Sprawiedliwość płci: Islam opowiada się za sprawiedliwością płci, uznając równą wartość i prawa mężczyzn i kobiet. Koran uznaje wyjątkowe mocne strony i wkład obu płci, podkreślając znaczenie wzajemnego szacunku i partnerstwa w społeczeństwie.

9. Sprawiedliwość środowiskowa: Nauki islamu rozszerzają koncepcję sprawiedliwości na środowisko. Zachęca się wierzących, aby byli zarządcami Ziemi, unikali szkody dla przyrody i promowali zrównoważony rozwój dla dobra obecnych i przyszłych pokoleń.

10. Eliminacja dyskryminacji: Islam potępia dyskryminację ze względu na rasę, pochodzenie etniczne lub status społeczny. Prorok Mahomet (pokój i błogosławieństwo Allaha z nim) podkreślił równość wszystkich wierzących, stwierdzając: „O ludzie! Wasz Pan jest jeden i wasz ojciec jest jeden. Wszyscy jesteście z Adama, a Adam został stworzony z prochu".

11. Współczucie i miłosierdzie: Akty współczucia i dobroczynności są integralną częścią sprawiedliwości społecznej w islamie. Muzułmanów zachęca się do angażowania się w działalność charytatywną, wspierania potrzebujących i przyczyniania się do dobra społeczności.

12. Wspieranie uciśnionych: Prorok Muhammad (pzn) jest opisany jako miłosierdzie dla światów (Koran 21:107) i opowiadał się za sprawiedliwością i współczuciem. Zachęca się muzułmanów, aby stawali w obronie praw uciskanych, sprzeciwiali się niesprawiedliwości i pracowali na rzecz stworzenia sprawiedliwego i godziwego społeczeństwa.

Podsumowując, sprawiedliwość społeczna w islamie jest koncepcją wieloaspektową, która obejmuje wymiar ekonomiczny, prawny, etyczny i humanitarny. Nauki islamu zapewniają wierzącym kompleksowe ramy umożliwiające aktywne angażowanie się w promowanie równości, współczucia oraz dobrobytu jednostek i społeczności, wspierając sprawiedliwe i włączające społeczeństwo.

Technologia i innowacje w islamie: postęp etyczny i odpowiedzialny postęp

Islam zachęca do korzystania z technologii i innowacji dla poprawy społeczeństwa, kładąc jednocześnie nacisk na względy etyczne i odpowiedzialny postęp. Nauki Koranu i przykład Proroka Mahometa (pokój i błogosławieństwo Allaha z nim) dostarczają wskazówek, jak wykorzystywać technologię w sposób zgodny z wartościami islamu.

1. Poszukiwanie wiedzy i innowacji: Islam przywiązuje dużą wagę do poszukiwania wiedzy, co obejmuje także postęp technologiczny. Muzułmanów zachęca się do pogłębiania wiedzy i angażowania się w innowacyjne praktyki, które przyczyniają się do dobrobytu ludzkości.

2. Etyczne wykorzystanie technologii: Nauki islamu kładą nacisk na etyczne wykorzystanie technologii. Muzułmanów zachęca się do przyjmowania technologii zgodnych z zasadami etycznymi, pozwalających unikać szkód dla jednostek lub społeczeństwa i pozytywnie przyczyniających się do rozwoju ludzkiego.

3. Ochrona życia i dobrego samopoczucia: Postęp technologiczny w takich dziedzinach jak medycyna i opieka zdrowotna jest postrzegany w islamie pozytywnie, ponieważ przyczynia się do ochrony życia i dobrobytu jednostek. Zachęca się muzułmanów do wspierania postępów poprawiających jakość życia i angażowania się w nie.

4. Zarządzanie środowiskiem: Islam promuje odpowiedzialne praktyki technologiczne, które uwzględniają zrównoważony rozwój środowiska. Wzywa się muzułmanów, aby byli zarządcami Ziemi i korzystali z technologii w sposób minimalizujący szkody dla środowiska i chroniący zasoby naturalne.

5. Etyczne postępowanie w komunikacji: Nauki islamu kładą nacisk na etyczne postępowanie w komunikacji, łącznie z wykorzystaniem technologii w interakcjach międzyludzkich. Zachęca się muzułmanów do prowadzenia pełnej szacunku i uczciwej komunikacji, nawet w środowisku cyfrowym.

6. Sprawiedliwość społeczna i włączenie społeczne: Islam zachęca do innowacji technologicznych, które promują sprawiedliwość społeczną i włączenie społeczne. Wzywa się muzułmanów do korzystania z technologii w celu eliminowania nierówności społecznych, wypełniania luk i zapewniania możliwości osobom marginalizowanym.

7. Badania naukowe i postęp: Islam ceni badania naukowe i postęp technologiczny. Koran zachęca wierzących do refleksji nad światem przyrody i doceniania znaków stworzenia Allaha. Muzułmanów zachęca się do angażowania się w badania naukowe i postęp technologiczny zgodny z zasadami etycznymi.

8. Technologia edukacyjna: Islam wspiera wykorzystanie technologii w edukacji. E-learning, aplikacje edukacyjne i inne narzędzia technologiczne mogą ułatwić zdobywanie wiedzy, zgodnie z islamskim naciskiem na ciągłe uczenie się i rozwój intelektualny.

9. Dobrobyt gospodarczy: Technologia odgrywa rolę w rozwoju gospodarczym, a islam wspiera dobrobyt gospodarczy, który przynosi korzyści społeczeństwu jako całości. Muzułmanów zachęca się do stosowania etycznych praktyk biznesowych i przyczyniania się do postępu gospodarczego poprzez odpowiedzialne innowacje technologiczne.

10. Automatyzacja i praca: Islam zajmuje się wpływem postępu technologicznego na zatrudnienie i siłę roboczą. Chociaż automatyzacja może zapewnić wydajność, przypomina się muzułmanom o znaczeniu sprawiedliwych praktyk w zakresie pracy i zapewnienia sprawiedliwego traktowania pracowników.

11. Prywatność i bezpieczeństwo: Nauki islamu podkreślają znaczenie prywatności i bezpieczeństwa. Zachęca się muzułmanów do odpowiedzialnego korzystania z technologii, ochrony danych osobowych i poszanowania prywatności innych osób.

12. Względy etyczne w badaniach: Etyka islamska kieruje badaniami technologicznymi, kładąc nacisk na odpowiedzialne i etyczne praktyki. Zachęca się muzułmanów, aby rozważyli potencjalne konsekwencje swoich innowacji technologicznych i upewnili się, że są one zgodne z zasadami etycznymi.

Podsumowując, islam zachęca do korzystania z technologii i innowacji dla poprawy społeczeństwa, pod warunkiem, że postęp ten jest zgodny z zasadami etycznymi, przyczynia się do dobrobytu ludzi i jest zgodny z wartościami określonymi w Koranie i naukami Proroka Mahometa (pzn).). Odpowiedzialny postęp, względy etyczne i skupienie się na korzyściach dla ludzkości to kluczowe zasady, które kierują integracją technologii w kontekście islamskim.

Umiar (Wasatiyyah) w islamie: równoważenie cnót i unikanie skrajności

Wasatiyyah, czyli umiar, to centralne pojęcie w islamie, które zachęca wierzących do przyjęcia zrównoważonego i umiarkowanego podejścia we wszystkich aspektach życia. Zasada ta wywodzi się z Koranu i nauk Proroka Mahometa (pokój i błogosławieństwo Allaha z nim) i służy jako filozofia przewodnia dla muzułmanów w poruszaniu się po różnych aspektach ich życia.

1. **Podstawa Koranu:** Koran kładzie nacisk na umiar jako podstawową zasadę. „I w ten sposób uczyniliśmy was sprawiedliwą społecznością, w której będziecie świadkami nad ludem, a Posłaniec będzie świadkiem nad wami". (Koran 2:143) Werset ten podkreśla rolę społeczności jako świadków poprzez utrzymywanie sprawiedliwego i zrównoważonego stanowiska.

2. **Ścieżka Środka (Ummatan Wasatan):** Koran opisuje społeczność muzułmańską jako „naród środka" lub „Ummatan Wasatan" (Koran 2:143). Koncepcja ta zachęca muzułmanów, aby unikali skrajności i znajdowali wyważoną ścieżkę zgodną z naukami islamu.

3. **Umiar w oddawaniu czci** Islam zachęca do umiaru w aktach kultu. Chociaż podkreśla się znaczenie modlitw, postów i innych obowiązków religijnych, odradza się nadmierne rytuały lub narzucane sobie trudności. Prorok Muhammad (pokój i błogosławieństwo Allaha z nim) powiedział: „Religia jest bardzo łatwa i ktokolwiek nadmiernie obciąża się swoją religią, nie będzie w stanie jej kontynuować".

4. **Sprawiedliwość społeczna i równość:** Umiar rozciąga się na interakcje społeczne i sprawiedliwość. Muzułmanów zachęca się, aby traktowali innych uczciwie, życzliwie i ze współczuciem, unikając zarówno nadmiernej pobłażliwości, jak i szorstkości.

5. **Umiar ekonomiczny:** Nauki islamu promują umiar w sprawach gospodarczych. Muzułmanów zachęca się do poszukiwania zgodnego z

prawem źródła utrzymania, unikania ekstrawagancji i odpowiedzialnego wydawania pieniędzy. Prorok (pokój i błogosławieństwo Allaha z nim) powiedział: „Syn Adama nie napełnia naczynia gorszego niż jego żołądek".

6. Zrównoważony styl życia: Umiar rozciąga się na styl życia wierzących. Islam zachęca do zrównoważonego życia, które obejmuje pracę, rodzinę, kult i wypoczynek, unikając skrajności w jakimkolwiek konkretnym aspekcie.

7. Zarządzanie środowiskiem: Koncepcja umiaru obejmuje odpowiedzialne zarządzanie środowiskiem. Wzywa się muzułmanów, aby mądrze korzystali z zasobów, unikali marnotrawstwa i przyczyniali się do zrównoważonego rozwoju środowiska.

8. Tolerancja i inkluzywność: Was Attiyah promuje tolerancję i inkluzywność. Muzułmanów zachęca się do nawiązywania kontaktów z ludźmi o różnym pochodzeniu, przekonaniach i opiniach, w celu rozwijania ducha zrozumienia i współpracy.

9. Unikanie ekstremizmu: Jednym z głównych aspektów Wasatiyyah jest unikanie ekstremizmu. Islam potępia ekstremizm w wierzeniach, działaniach i postawach. Koran stwierdza: „O dzieci Adama! Zabierzcie swoje ozdoby z każdego meczetu, jedzcie i pijcie, ale nie przesadnie. Zaprawdę, On nie lubi tych, którzy dopuszczają się nadmiaru". (Koran 7:31)

10. Umiar polityczny: Nauki islamu zachęcają do umiaru politycznego, kładąc nacisk na zasady sprawiedliwości, odpowiedzialności i dobrych rządów. Wzywa się muzułmanów, aby uczciwie angażowali się w proces polityczny i unikali opresyjnych lub tyrańskich praktyk.

11. Etyczne praktyki biznesowe: W przedsięwzięciach gospodarczych muzułmanom zaleca się przyjęcie etycznych praktyk biznesowych. Kładzie się nacisk na sprawiedliwy handel, przejrzystość i uczciwość, zgodnie z zasadami umiaru w handlu.

12. Umiarkowanie emocjonalne: Wasatiyyah rozciąga się na dobre samopoczucie emocjonalne. Islam zachęca wierzących do panowania nad swoimi emocjami, unikając skrajności gniewu, rozpaczy i nadmiernej radości. Prorok (pokój i błogosławieństwo Allaha z nim) powiedział: „Nie złość się".

Podsumowując, Wasatiyyah jest zasadą przewodnią islamu, promującą równowagę i umiar we wszystkich aspektach życia. Unikając skrajności, muzułmanie starają się prowadzić zrównoważone życie, które odzwierciedla zasady sprawiedliwości, współczucia i etycznego postępowania przedstawione w Koranie i których przykładem są nauki Proroka Mahometa (pokój i błogosławieństwo Allaha z nim).

Jedność i braterstwo w islamie: wzmacnianie więzi i wspieranie harmonii

Jedność i braterstwo zajmują centralne miejsce w naukach islamu, podkreślając znaczenie solidarności, wzajemnego wsparcia i harmonii między społecznością muzułmańską. Koran i nauki Proroka Mahometa (pokój i błogosławieństwo Allaha z nim) dostarczają wskazówek, jak wzmacniać silne więzi jedności wśród wierzących.

1. Jedność ummy: Koran kładzie nacisk na jedność społeczności muzułmańskiej (umma). Wierzącym przypomina się o ich wspólnej wierze, niezależnie od różnic etnicznych, kulturowych czy geograficznych. „Zaprawdę, to wasza religia jest jedną religią, a ja jestem waszym Panem, więc czcijcie Mnie". (Koran 21:92)

2. Braterstwo w wierze: Muzułmanów nazywa się braćmi i siostrami w wierze. Prorok Muhammad (pokój i błogosławieństwo Allaha z nim) powiedział: „Wyznawcy ich wzajemnej dobroci, współczucia i współczucia są jak jedno ciało. Kiedy cierpi jedna z kończyn, całe ciało reaguje na to czuwaniem i gorączką".

3. Równość i pokora: Islam promuje równość i pokorę wśród wierzących. Bez względu na status społeczny i ekonomiczny wszyscy muzułmanie są równi przed Allahem. Pielgrzymka hadżdż, podczas której ludzie z różnych środowisk gromadzą się w prostych strojach, symbolizuje tę równość.

4. Wsparcie społeczne: Nauki islamu podkreślają znaczenie zapewniania wsparcia współwyznawcom w potrzebie. Zachęcamy do pomocy finansowej, wsparcia emocjonalnego i wspólnych wysiłków na rzecz wzmocnienia więzi braterstwa.

5. Przebaczenie i pojednanie: Muzułmanów zachęca się do wzajemnego przebaczania i pojednania. Koran nawołuje wierzących, aby „odpychali zło tym, co lepsze" (Koran 41:34) i przedkładali pojednanie nad niezgodę.

6. Jedność w modlitwie: Zbiorowa modlitwa (Salah) jest przejawem jedności wśród muzułmanów. Kiedy wierzący stoją ramię w ramię w modlitwie, symbolizuje to ich wspólne oddanie Allahowi i jedność celu.

7. Odpowiedzialność zbiorowa: Islam kładzie nacisk na odpowiedzialność zbiorową w społeczności. Zachęca się muzułmanów do współpracy dla wspólnego dobra, wspólnie rozwiązując problemy takie jak ubóstwo, niesprawiedliwość i wyzwania społeczne.

8. Szacunek dla różnic: Islam promując jedność uznaje także różnorodność. Zachęca się wierzących, aby szanowali i doceniali różnice w kulturze, języku i opiniach, tworząc atmosferę integracji.

9. Braterstwo ponad granicami: Koncepcja braterstwa wykracza poza granice narodowe i etniczne. Zachęca się muzułmanów, aby traktowali priorytetowo swoje więzi ze współwyznawcami, ponad podziałami geopolitycznymi.

10. Lojalność i wiarygodność: Wiarygodność i lojalność są integralną częścią braterstwa w islamie. Prorok Mahomet (pokój i błogosławieństwo Allaha z nim) podkreślił znaczenie dotrzymywania obietnic i bycia godnym zaufania, a to cechy niezbędne do budowania silnych więzi w społeczności.

11. Unikanie niezgody i wrogości: Islam potępia niezgodę i wrogość pomiędzy wierzącymi. Muzułmanom zaleca się unikanie plotek, oszczerstw i wszelkich działań, które mogą prowadzić do podziałów w społeczności.

12. Sprawiedliwość społeczna i równość: Jedność jest ściśle powiązana z zasadami sprawiedliwości społecznej i równości w islamie. Zachęca się wierzących do pracy na rzecz sprawiedliwego społeczeństwa, eliminowania nierówności i opowiadania się za prawami wszystkich członków społeczności.

Podsumowując, jedność i braterstwo to podstawowe zasady islamu, promujące wśród wierzących poczucie wspólnego celu, wsparcia i współczucia. Przestrzegając tych zasad, muzułmanie starają się stworzyć społeczność odzwierciedlającą takie wartości, jak sprawiedliwość, równość i wzajemna troska, tworząc harmonijne środowisko, w którym jednostki są zjednoczone w swoim oddaniu Allahowi i wzajemnym zobowiązaniom.

Różnorodność kulturowa w islamie: przyjęcie pluralizmu i wzbogacanie społeczeństwa

Islam uznaje i celebruje różnorodność kulturową jako część boskiego planu Allaha. Koran i nauki Proroka Mahometa (pzn) podkreślają wartość różnorodności pomiędzy jednostkami i społeczeństwami, promując wzajemne zrozumienie, szacunek i współpracę. Oto kluczowe aspekty różnorodności kulturowej w islamie:

1. Stworzenie różnych narodów i plemion: Koran uznaje różnorodność społeczeństw i kultur ludzkich. „O ludzie, zaprawdę stworzyliśmy was z mężczyzny i kobiety i uczyniliśmy was ludami i plemionami, abyście się wzajemnie poznawali. Zaprawdę, najszlachetniejszy z was w oczach Allaha, jest z was najbardziej sprawiedliwy". (Koran 49:13) Werset ten podkreśla, że różnorodność jest zamierzona i służy jako środek wzajemnego uznania i zrozumienia.

2. Jedność w różnorodności: Islam zachęca do jedności w różnorodności. Koncepcja Ummatan Wasatan (naród środka) kładzie nacisk na umiar i równowagę, pozwalając na różnice kulturowe przy jednoczesnym zachowaniu spójnego i harmonijnego społeczeństwa.

3. Ekspresja kulturowa: Nauki islamu wspierają wyrażanie tożsamości kulturowej i kreatywności. Zachęca się muzułmanów, aby doceniali piękno różnych form wyrazu kulturowego, w tym sztuki, muzyki, literatury i tradycyjnych praktyk zgodnych z wartościami islamu.

4. Różnorodność językowa: Islam uznaje różnorodność języków za oznakę twórczej mocy Allaha. Koran stwierdza: „A z Jego znaków jest stworzenie niebios i ziemi, różnorodność waszych języków i kolorów. Zaprawdę, w tym są znaki dla posiadających wiedzę". (Koran 30:22) Werset ten podkreśla znaczenie różnorodności językowej jako odbicia boskiej mądrości.

5. Szacunek dla dziedzictwa kulturowego: Islam zachęca do zachowania i poszanowania dziedzictwa kulturowego. Cenione są artefakty historyczne i kulturowe, a muzułmanów zachęca się do wyciągania wniosków z lekcji z przeszłości, zachowując jednocześnie swoją tożsamość kulturową.

6. Wzajemne uczenie się i wymiana: Koran zachęca jednostki i społeczeństwa do wzajemnego uczenia się. Wymiana kulturalna postrzegana jest jako sposób na poszerzanie wiedzy, budowanie zrozumienia i docenianie bogactwa różnorodnych tradycji. „O ludzie, stworzyliśmy was z jednej duszy, mężczyzny i kobiety, i uczyniliśmy was narodami i plemionami, abyście się wzajemnie znali. Zaprawdę, najszlachetniejszy z was w oczach Allaha jest tym, który jest z was najbardziej sprawiedliwy. Allah jest Wszechwiedzący, Wszech Świadomy." (Koran 49:13)

7. Tolerancja kulturowa: Nauki islamu kładą nacisk na tolerancję wobec różnic kulturowych. Wzywa się muzułmanów, aby szanowali wierzenia i praktyki innych, tworząc środowisko, w którym jednostki mogą harmonijnie współistnieć pomimo różnic kulturowych.

8. Hadżdż jako symbol jedności: Coroczna pielgrzymka do Mekki (hadżdż) jest potężnym symbolem różnorodności kulturowej w islamie. Muzułmanie z różnych narodów, grup etnicznych i kultur gromadzą się w Mekce, ilustrując jedność globalnej społeczności muzułmańskiej, jednocześnie celebrując jej różnorodne elementy.

9. Dostosowanie kulturowe w ubiorze: Islamski kodeks ubioru zachęca do skromności, dopuszczając jednocześnie różnice kulturowe. Muzułmanom zaleca się ubieranie skromnie, zgodnie z zasadami islamu, a różnice kulturowe w ubiorze są szanowane, o ile są zgodne z tymi wytycznymi.

10. Wrażliwość kulturowa w interakcjach: Islam zachęca muzułmanów, aby byli wrażliwi kulturowo w swoich interakcjach. Prorok Mahomet (pokój i błogosławieństwo Allaha z nim) okazał szacunek dla praktyk kulturowych różnych plemion i społeczności, dając muzułmanom przykład nawiązywania kontaktu z innymi z empatią i zrozumieniem.

11. Wkład kulturowy w społeczeństwo: Islam ceni wkład różnorodnych kultur w społeczeństwo. Muzułmanów zachęca się do angażowania się w działania promujące dobrobyt ich społeczności, czerpiąc z mocnych stron i talentów obecnych w różnych przejawach kulturowych.

12. Obchodzenie świąt: Nauki islamu pozwalają na obchodzenie świąt kulturalnych, o ile nie są one sprzeczne z zasadami islamu. Muzułmanów zachęca się do zachowania swojej tożsamości kulturowej i uczestniczenia w uroczystościach zgodnych z wartościami islamu.

Podsumowując, różnorodność kulturowa jest celebrowana w islamie jako część planu Allaha dla ludzkości. Koran i nauki Proroka Mahometa (pokój i błogosławieństwo Allaha z nim) podkreślają znaczenie rozpoznawania, doceniania i uczenia się od różnych kultur. Akceptując różnorodność kulturową, muzułmanie przyczyniają się do wzbogacenia i jedności społeczności globalnej, przestrzegając jednocześnie zasad sprawiedliwości, tolerancji i wzajemnego szacunku.

Szczerość (Ikhlas) w islamie: czyste oddanie i autentyczne intencje

Szczerość, czyli Ikhlas, zajmuje ogromne miejsce w naukach islamu, podkreślając czystość czyichś intencji i działań wyłącznie po to, by zadowolić Allaha. Koncepcja Ikhlas jest głęboko zakorzeniona w Koranie i tradycjach Proroka Mahometa (pzn), prowadząc wierzących w ich uwielbieniu, interakcjach i codziennym życiu. Oto kluczowe aspekty szczerości w islamie:

1. Podstawa Koranu: Koran podkreśla znaczenie szczerości w oddawaniu czci i czynach. „Powiedz: «Zaprawdę, moje modlitwy, moje rytuały ofiarne, moje życie i moja śmierć są dla Allaha, Pana światów. Nie ma On żadnego partnera. I to mi nakazano i jestem pierwszym [wśród was] muzułmanów." (Koran 6:162-163) Werset ten podkreśla ideę, że wszystkie aspekty życia powinny być poświęcone wyłącznie Allahowi.

2. Definicja Ikhlas: Ikhlas odnosi się do wyjątkowości i czystości intencji w czyichś działaniach. Wiąże się to z szukaniem przyjemności Allaha bez żadnych ukrytych motywów, takich jak szukanie pochwały lub uznania ze strony innych.

3. Czczenie samego Allaha: Szczerość w oddawaniu czci oznacza oddawanie czci wyłącznie Allahowi, bez łączenia partnerów i szukania pochwał u innych. Przypomina się muzułmanom, aby modlili się, dawali jałmużnę, pościli i podejmowali inne akty kultu z intencją zadowolenia samego Allaha.

4. Podkreślenie Proroka Mahometa: Prorok Mahomet (pokój i błogosławieństwo Allaha z nim) podkreślał znaczenie szczerości w licznych wypowiedziach (Hadisach). Powiedział: „Działania są jedynie intencją i każdy człowiek będzie miał tylko to, co zamierzał".

5. Koncepcja riyaa (popisywanie się): Islam ostrzega przed przeciwieństwem szczerości, jakim jest riyaa, czyli popisywanie się. Riyaa polega na wykonywaniu aktów kultu z zamiarem uzyskania pochwały lub aprobaty innych, a nie szukania przyjemności Allaha.

6. Dążenie do zadowolenia Allaha: Szczere działania są wykonywane, a ich głównym celem jest szukanie zadowolenia Allaha i zdobycie Jego nagrody. Zachęca się wierzących, aby skupili się na wewnętrznym aspekcie oddawania czci, dbając o to, aby ich serca były oddane wyłącznie Allahowi.

7. Codzienne działania i Ikhlas: Ikhlas wykracza poza formalne akty kultu i obejmuje codzienne działania. Muzułmanów zachęca się do szczerego prowadzenia życia osobistego, zawodowego i społecznego, mając zamiar przestrzegać zasad islamu i wnosić pozytywny wkład w społeczeństwo.

8. Przezwyciężanie hipokryzji: Szczerość pomaga wierzącym przezwyciężyć hipokryzję. Islam potępia zewnętrzne okazywanie wiary bez prawdziwej wiary. Prawdziwą wiarę charakteryzuje szczerość, dlatego muzułmanów zachęca się do kultywowania prawdziwego oddania Allahowi.

9. Oczyszczanie intencji w miłosierdziu: Podczas dawania jałmużny (Sadaqah) muzułmanom zaleca się oczyszczenie swoich intencji. Koran wspomina o znaczeniu dawania ze względu na Allaha i nie szukania pochwał ani wdzięczności od obdarowanych. (Koran 2:262-263)

10. Poszukiwanie wiedzy ze szczerością: Zachęca się muzułmanów poszukujących wiedzy, aby robili to ze szczerymi intencjami. Poszukiwanie wiedzy dla korzyści siebie i innych, a nie dla osobistych korzyści lub uznania, jest uważane za akt Ikhlasa.

11. Odzwierciedlanie Ikhlasa w związkach: Szczerość rozciąga się na relacje międzyludzkie. Zachęca się muzułmanów, aby zachowywali szczerość w swoich kontaktach, unikali oszustw i traktowali innych uczciwie i ze szczerą troską.

12. Ciągła autorefleksja: Utrzymanie Ikhlasu wymaga ciągłej autorefleksji. Zachęca się wierzących, aby regularnie oceniali swoje intencje i szukali przewodnictwa Allaha w oczyszczaniu swoich serc i czynów.

Podsumowując, szczerość (Ikhlas) jest podstawową zasadą islamu, która kieruje wierzącymi w ich uwielbieniu, codziennych działaniach i związkach. Kultywując czyste intencje, muzułmanie starają się dostosować swoje życie do zasad oddania Allahowi, szukając przede wszystkim Jego przyjemności. Ikhlas nieustannie przypomina wierzącym o oczyszczeniu swoich serc i czynów, upewniając się, że każdy ich wysiłek jest poświęcony Stwórcy z autentyczną szczerością.

Wniosek

Podsumowując, islam zapewnia kompleksowe ramy życia, obejmujące wymiar duchowy, moralny i społeczny. Zarysowane rozdziały podkreślają podstawowe zasady, które stanowią rdzeń nauk islamu. Od Jedności Boga (Tawhid) po zasady umiaru (Wasatiyyah), jedności i braterstwa, różnorodności kulturowej i szczerości (Ikhlas), zasady te kierują muzułmanami w dążeniu do prawego i zrównoważonego życia.

Islam zachęca wierzących do szczerego oddawania czci Allahowi, wspierając jedność i braterstwo wśród różnorodnych społeczności. Zasady sprawiedliwości, współczucia i etycznego postępowania podkreślają znaczenie odpowiedzialności społecznej i zaangażowania. Uznanie różnorodności kulturowej za część boskiego planu Allaha sprzyja wzajemnemu zrozumieniu i szacunkowi.

W całych rozdziałach wersety Koranu i nauki Proroka Mahometa (pokój i błogosławieństwo Allaha z nim) stanowią podstawę wierzeń i praktyk islamskich. Nacisk na wiedzę, edukację i dążenie do doskonałości odzwierciedla zaangażowanie islamu w rozwój intelektualny i osobisty.

Wykorzystując technologię i innowacje, muzułmanów zachęca się do postępu etycznego, biorąc pod uwagę wpływ na jednostki i społeczeństwo. Sprawiedliwość społeczna, zarządzanie środowiskiem i stosunki międzywyznaniowe podkreślają holistyczne podejście islamu do dobrobytu społecznego.

Zasady omówione w każdym rozdziale przyczyniają się do osiągnięcia nadrzędnego celu, jakim jest wspieranie sprawiedliwego, współczującego i zrównoważonego społeczeństwa. Przestrzegając tych zasad, muzułmanie dążą do wypełniania swoich indywidualnych i zbiorowych obowiązków, wnoszą pozytywny wkład do świata, jednocześnie szukając przyjemności Allaha.

W istocie islam zapewnia mapę drogową prowadzącą do celowego i sensownego życia, prowadząc wierzących w ich relacjach z Allahem, interakcjach z innymi oraz ich roli jako zarządców Ziemi. Nauki zawarte w tych rozdziałach odzwierciedlają ponadczasową mądrość islamu, oferując wskazówki i inspirację tym, którzy szukają życia pełnego cnót, równowagi i duchowego spełnienia.